LA

POLICE JUDICIAIRE

MILITAIRE

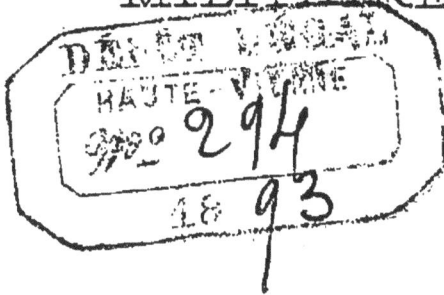

LA
POLICE JUDICIAIRE MILITAIRE

EN TEMPS DE PAIX ET EN TEMPS DE GUERRE

PAR EMILE LOYER

Lieutenant-Colonel de Gendarmerie

~~~~~~

2ᵉ ÉDITION

« Être utile »

PARIS | LIMOGES

11, Place Saint-André-des-Arts | 46, Nouvelle Route d'Aize, 46

HENRI CHARLES-LAVAUZELLE

Editeur militaire.

—

1893

EXPLICATION

M   Code de justice militaire.

CM Code de justice maritime.

C   Code d'instruction criminelle.

P   Code Pénal.

D   Décret du 1er mars 1854, portant règlement sur l'organisation et le service de la gendarmerie.

DES TRIBUNAUX MILITAIRES

Le Code de justice militaire a été promulgué le 9 juin 1857 ; quelques articles ont été modifiés par la loi du 18 mai 1875 ; il organise les juridictions militaires pour le temps de paix, pour le temps de guerre et pour le cas d'état de siège ; il détermine les règles de procédure, spécifie les crimes et délits contre les devoirs militaires, et les réprime soit par des peines spéciales, soit par des peines de droit commun.

Les juridictions militaires, c'est-à-dire les divers tribunaux chargés de rendre la justice dans l'armée, sont :

1° Les conseils de guerre, qui jugent les accusés pour les crimes, délits ou contraventions qu'ils ont pu commettre ;

2° Les conseils de revision, qui ont pour mission de maintenir ou d'annuler, suivant le cas, les jugements des conseils de guerre ;

3° Les prévôtés, qui ne commencent à fonctionner que sur le territoire étranger et qui ne peuvent juger qu'une certaine catégorie d'individus pour les infractions spécifiés par la loi. (M. 1.)

Les tribunaux prévôtaux peuvent aussi, en cas de mobilisation, être organisés à l'intérieur. (Décret du 2 octobre 1870.)

Lorsque les troupes sont en présence de l'ennemi, il y a nécessité d'arriver à une répression aussi prompte et aussi exemplaire que possible de tous les crimes et délits qui pourraient compromettre le maintien de la discipline et la sécurité de l'armée; aussi, en temps de guerre, la compétence des tribunaux militaires s'élargit, la procédure est simplifiée, certaines infractions sont punies plus sévèrement.

En temps de paix et lorsqu'il s'agit d'un homme de troupe, le conseil de guerre est composé d'un colonel ou d'un lieutenant-colonel président et de six juges : un chef de bataillon, ou chef d'escadron ou major, deux capitaines, un lieutenant, un sous-lieutenant ou, à défaut, un deuxième lieutenant et un sous-officier. (M. 3. Loi du 21 avril 1892.)

Comme il est de principe que l'inférieur ne juge jamais son supérieur, la composition du conseil de guerre est modifiée suivant le grade de l'accusé.

Lorsque, dans les cas prévus par les lois, il y a lieu de traduire devant un conseil de guerre, soit comme auteur principal, soit comme complice un individu ni militaire ni assimilé, le conseil est composé, suivant le cas, comme il est dit pour les sous-officiers, caporaux et soldats, ou d'après le grade du coaccusé militaire, si le grade ou le rang de ce dernier exige une autre composition. (M. 68.)

Le parquet se compose du commissaire du Gouvernement, du rapporteur et des substituts de ces deux magistrats.

Le greffe se compose d'un officier d'administration-greffier, de commis-greffiers et d'un sergent huissier-appariteur. (M. 4.)

Le commissaire du gouvernement représente l'action publique; mais, à la différence du ministère public près les tribunaux ordinaires, il n'a ni l'initiative ni la direction de cette action qui appartiennent à l'officier ayant le droit de donner l'ordre d'informer.

Le rapporteur a presque toutes les attributions du juge d'instruction.

Le conseil de revision ne comprend que cinq membres, mais le président est un général de brigade et les quatre juges sont tous officiers supérieurs.

Il y a près de chaque conseil de revision un commissaire du gouvernement et un greffier, il n'y a point de rapporteur titulaire, c'est l'un des juges qui en remplit les fonctions. (M. 27.)

Aux armées, les conseils de guerre n'ont que cinq juges au lieu de sept et, en outre, les fonctions de commissaire du gouvernement et de rapporteur sont confiées au même magistrat militaire qui prend le titre de commissaire-du-gouvernement, rapporteur.

Toutefois, lorsque l'accusé est colonel ou officier général, le conseil est composé de sept membres comme en temps de paix. (M. 33.)

Aux armées, le conseil de revision peut n'être composé que de trois juges s'il ne se trouve pas un nombre suffisant d'officiers du grade requis. (M. 41).

Par un décret rendu en conseil des ministres, le chef de l'Etat peut suspendre la faculté du recours en revision, en ce qui concerne les jugements rendus par les conseils de guerre aux armées ; le commandant d'une place assiégée ou investie a toujours le droit d'ordonner cette suspension. (M. 71.)

Le service du conseil de guerre ou du conseil

de revision est un service militaire, il est donc obligatoire pour tous les militaires désignés par l'autorité compétente. (M. 215.)

Il y a un conseil de guerre permanent au chef-lieu de chacune des circonscriptions militaires territoriales, formées à l'intérieur sous le titre de corps d'armée (dix-huit), ou de commandement supérieur (Paris, Lyon), et en Algérie sous le titre de division militaire (Alger, Oran, Constantine).

Si les besoins du service l'exigent, d'autres conseils de guerre permanents peuvent être établis dans la circonscription par un décret du chef de l'Etat. qui fixe le siège de chacun de ces conseils et en détermine le ressort. (M. 2.)

C'est ainsi que les gouvernements militaires de Paris et de Lyon et la division d'Oran ont chacun deux conseils de guerre permanents.

Aux armées, en présence de l'ennemi, il est établi, sur l'ordre du Ministre de la guerre, un ou deux conseils de guerre par division active et par détachement de la force d'un bataillon ainsi qu'au quartier général de l'armée, et, s'il y a lieu, au quartier général de chaque corps d'armée. (M. 33.)

L'un de ces conseils siège au quartier général même ; l'autre en un point de la ligne d'étapes, fixé par le général en chef, généralement à une station tête d'étapes de guerre, ou, si la ligne d'étapes s'allonge, dans un gîte principal d'étapes. (Service des étapes, art. 24, 120 et 133).

Corps organisés sous les armes.

Tout corps organisé, quand il est sous les armes,

est soumis aux lois militaires, fait partie de l'armée et relève, soit du Ministre de la guerre, soit du Ministre de la marine. (Loi du 15 juillet 1889 art. 8.)

Par corps organisés il faut entendre : les douaniers, les chasseurs forestiers et les sapeurs-pompiers.

Il en est de même des corps de vétérans que le Ministre de la guerre est autorisé à créer en temps de guerre et qui seraient recrutés par voie d'engagements volontaires parmi les hommes ayant accompli la totalité de leur service militaire. (Même loi, même article.)

DE LA COMPÉTENCE

DES

CONSEILS DE GUERRE

La juridiction est le pouvoir de juger.

La compétence est la mesure de ce pouvoir, c'est-à-dire la portion d'autorité ou de puissance attribuée à un magistrat, à une autorité judiciaire ou à un tribunal.

La compétence des tribunaux militaires résulte de la réunion des trois éléments de fait, de personne et de lieu :

1° Le fait est, en général, un crime ou un délit militaire, quelquefois un crime ou un délit de droit commun ou même une contravention de police.

2° La personne ou auteur de l'infraction est, en général, un militaire ou un assimilé aux militaires et, en cas de guerre ou d'état de siège, un non-militaire.

3° Le lieu peut être : 1° celui où le fait a été commis ; 2° celui où l'auteur du fait a été arrêté, et, 3° celui où se trouve le corps de troupe ou le détachement auquel appartient le militaire auteur du fait.

Les crimes et délits militaires sont ceux qui sont prévus spécialement par le Code de justice militaire.

Les crimes et délits de droit commun sont tous ceux prévus par toutes les autres lois pénales.

Compétence des conseils de guerre permanents dans les circonscriptions territoriales en état de paix.

Sont justiciables des conseils de guerre, en temps de paix, pour tous crimes et délits et pour certaines contraventions (M. 271 et 273), *pendant qu'ils sont en activité de service ou portés présents sur les contrôles de l'armée ou détachés pour un service spécial :*

1° Les officiers de tous grades, les sous-officiers, caporaux et brigadiers, les soldats, les musiciens et les enfants de troupe ;

2° Les membres du corps de l'intendance militaire, les médecins, les pharmaciens, les vétérinaires militaires et les officiers d'administration.

3° Les individus assimilés aux militaires par les ordonnances ou décrets d'organisation. (M. 56.)

Par assimilés aux militaires, il faut entendre les individus appartenant à l'armée en vertu de la loi de recrutement, de leur engagement, de leur brevet ou de leur commission.

Ainsi, l'individu qui fait partie d'un régiment en vertu d'une simple commission, quoique pris en dehors des rangs de l'armée, doit néanmoins être considéré comme soldat et passible en cette qualité des peines de la désertion s'il abandonne son corps. (1)

---

(1) Le tableau annexé au décret du 18 juillet 1857 contient l'énumération des individus qui, dans l'armée de terre, doivent être considérés comme assimilés aux militaires :

1° Les gardes d'artillerie, des équipages militaires ;

2° Les adjoints du génie ;

Les élèves de l'Ecole polytechnique, de l'Ecole forestière et de l'Ecole centrale sont considérés comme présents sous les drapeaux dans l'armée active pendant tout le temps passé par eux dans lesditess écoles. (Loi du 15 juillet 1889, article 28.)

Les militaires cu assimilés en congé, en permission, en désertion ou en captivité ne sont plus considérés comme en activité de service.

Le condamné à la dégradation militaire reste justiciable des conseils de guerre tant que les formalités de la dégradation n'ont pas été accomplies. (Cassation, 13 novembre 1872.)

Il a été jugé que le démissionnaire dont la démission n'a pas encore été acceptée, que le militaire libéré, même possesseur de sa feuille de route, mais qui n'aurait pas encore cessé de vivre à la caserne sont considérés comme étant

---

3° Les employés divers dans les corps et établissements militaires, tels que les maîtres-artificiers ; chefs-ouvriers d'état ; contrôleurr principaux des manufactures d'armes ; chefs artificiers ; sous-chefs-ouvriers d'état ; contrôleurs de 2e et 1re classe dans les manufactures, directions ou fonderies ; ouvriers d'état ; chefs-armuriers de 2e ou de 1re classe ; gardiens de batterie de 2e ou de 1re classe ; maître-ouvriers immatriculés ; portiers-consignes ; portiers-concierges ; éclusiers et tous autres agents y assimilés ;

4° Les interprètes militaires ;

5° Les aumôniers militaires aux armées actives ;

6° Les archivistes (Décret du 8 mai 1880) ;

7° Les fonctionnaires du corps du contrôle de l'administration de l'armée (Décret du 4 septembre 1883) ;

8° Les fonctionnaires et agents de la télégraphie militaire (Décret du 23 juillet 1884) ;

encore présents et par conséquent justiciables des conseils de guerre.

L'individu, même irrégulièrement inscrit sur les contrôles lorsqu'il reçoit la solde et les vivres est justiciable des conseils de guerre, sauf pour le cas de désertion. (Cassation 18 avril 1856 et 6 avril 1832.)

Tout homme maintenu au corps après le départ de sa classe en vertu de l'article 47 de la loi du 15 juillet 1889 est justiciable des tribunaux militaires aussi bien pour la désertion que pour les crimes ou délits commis par lui pendant toute la durée du service supplémentaire qu'il est tenu d'accomplir. (Note ministérielle du 18 avril 1891.)

Les militaires de la gendarmerie sont justiciables des conseils de guerre, excepté pour les crimes et délits commis dans l'exercice de leurs fonctions relatives à la police judiciaire ordinaire et à la constatation des contraventions en matière administrative. (M. 59, D. 593.)

Les fonctions relatives à la police judiciaire sont les actes des gendarmes concourant à l'action de la justice ordinaire, tels que : les constatations d'infractions de droit commun, les mises à exécution de mandats délivrés par les juges d'instruction ou par d'autres magistrats de l'ordre civil.

La police administrative a pour objet de veiller à l'ordre public, à la tranquillité, à la salubrité et de prévenir les infractions aux lois.

La police administrative a un caractère préventif ; elle est générale ou municipale.

La police administrative générale est exercée : 1° par le chef de l'État, qui peut, en se conformant aux lois, décréter les mesures de sûreté qu'il juge utiles au pays ; 2º par les préfets, qui peuvent, en se conformant aux lois et décrets et aux instructions du Ministre de l'intérieur, prendre des arrêtés de police pour le département.

Les maires ont le droit de prendre des arrêtés de police ; c'est dans l'exercice de ce droit que consiste la police municipale et rurale ; elle a pour objet de maintenir, par de sages mesures, dans le territoire de la commune, le respect de la propriété, l'ordre, la tranquillité et la salubrité.

Sont encore justiciables des conseils de guerre en temps de paix :

1º Les militaires, les jeunes soldats, les engagés volontaires et les individus assimilés aux militaires placés dans les hôpitaux civils ou militaires ou voyageant sous la conduite de la force publique ou détenus dans les établissements, prisons et pénitenciers militaires ;

2º Les officiers, les sous-officiers, caporaux et soldats inscrits sur les contrôles de l'Hôtel national des Invalides ;

3º Les jeunes soldats laissés dans leurs foyers et les militaires envoyés en congé illimité, lorsqu'ils sont réunis pour les revues ou exercices prescrits par la loi du recrutement ;

4º Les prisonniers de guerre (M. 56.) ;

5º Les individus appartenant au service de la marine, détachés, soit en corps, soit isolément comme auxiliaires de l'armée de terre. (C. M. 108.)

Sont également justiciables des conseils de guerre, *mais seulement pour les crimes et délits prévus par le Code de justice militaire*, les militaires de tous grades, les membres de l'intendance et tous les individus assimilés aux militaires :

1º Lorsque, sans être employés, ils reçoivent un traitement et restent à la disposition du gouvernement ;

2º Lorsqu'ils sont en congé ou en permission. (M. 57.)

Sont considérés comme étant en congé et sont, par suite, justiciables des conseils de guerre pour les crimes et délits prévus par le Code de justice militaire :

1º Les dispensés (soutiens de famille légaux ou effectifs, dispensés à titre conditionnel) envoyés en congé dans leurs foyers (Loi du 15 juillet 1889, articles 21, 22 et 23) ;

2º Les hommes de la deuxième portion du contingent envoyés en disponibilité après un an de service (Même loi, article 39) ;

3º Les hommes de l'armée active renvoyés dans leurs foyers après les grandes manœuvres en attendant leur passage dans la réserve (Même loi, article 40) ;

4º Les hommes envoyés, par suite d'excédent en disponibilité comme ceux de la deuxième portion du contingént. (Même loi, article 46.)

Les officiers, sous-officiers, brigadiers et caporaux appartenant à l'effectif permanent et soldé de l'armée territoriale sont en tout temps, et pour tous crimes et délits, justiciables des conseils de guerre.

Les réservistes de toutes catégories, c'est-à-dire les hommes astreints au service militaire, mis par les lois à la disposition du Ministre de la guerre, en dehors des hommes de l'armée active en activité de service, sont justiciables des conseils de guerre, en temps de paix comme en temps de guerre, pour tous crimes et délits :

1° En cas de mobilisation, à partir du jour de leur appel à l'activité jusqu'à celui où ils sont renvoyés dans leurs foyers ;

2° Hors le cas de mobilisation lorsqu'ils sont convoqués pour des manœuvres exercices ou revues, depuis l'instant de leur réunion en détachement pour rejoindre ou de leur arrivée à destination s'ils rejoignent isolément jusqu'au jour où ils sont renvoyés dans leurs foyers ;

3° Lorsqu'ils sont placés dans les hôpitaux militaires ou dans les salles des hôpitaux civils affectées aux militaires et lorsqu'ils voyagent comme militaires sous la conduite de la force publique, qu'ils se trouvent détenus dans les établissements, prisons et pénitenciers militaires ou qu'ils subissent dans un corps de troupe une peine disciplinaire. (Loi du 15 juillet 1889, article 52.)

Ces mêmes réservistes sont justiciables des conseils de guerre pour tous crimes et délits militaires lorsqu'ils ont agi en uniforme.

En principe, tout individu atteint par la loi militaire et qui est en uniforme est considéré comme étant dans la situation d'un militaire de l'armée active en congé ; il est donc justiciable des conseils de guerre pour tous crimes et délits militaires. (M. 57 ; loi du 15 juillet 1889, art. 53. § 3).

L'uniforme entier n'est pas exigé, il suffit d'un effet. (Circulaire ministérielle du 18 février 1876.)

Le seul fait pour les hommes astreints au service militaire de se trouver revêtus d'effets d'uniforme dans un rassemblement tumultueux et contraire à l'ordre public et d'y demeurer après la sommation légale de se disperser les rend passibles des peines édictées à l'article 225 du Code de justice militaire. (Même loi, article 54.)

Les non-disponibles c'est-à-dire les hommes autorisés à ne pas rejoindre immédiatement, sont, dès la publication de l'ordre de mobilisation, considérés comme des militaires en congé. (Même loi, article 51.)

Les réservistes de toutes catégories renvoyés dans leurs foyers, alors même que ces hommes ne seraient pas en uniforme au moment de la perpétration du fait incriminé, sont justiciables des conseils de guerre, en temps de paix comme en temps de guerre, pour les crimes et délits prévus par les articles 204, 205, 206, 208, 219, (paragraphe 1er), 220, 223, 224, 225, 226, 228, 229, 242 (paragraphe 1er), 248, 249 à 256 et 266 du Code de justice militaire.

L'application de ces articles est faite aux inculpés sous la réserve de dispositions spéciales.

Toutefois, les hommes appartenant à l'armée territoriale ou à sa réserve ne sont plus justiciables, en temps de paix, des conseils de guerre lorsqu'ils sont rentrés dans leurs foyers depuis plus de six mois, à moins, comme nous l'avons déjà dit, qu'ils n'aient agi étant revêtus d'effets d'uniforme. (Même loi, article 57.)

Les hommes astreints au service militaire qui n'ont jamais servi ne sont justiciables des conseils de guerre que pour le fait d'insoumission. (Loi du 15 juillet 1889, article 57.)

L'insoumis réserviste conduit par la gendarmerie qui outrage le brigadier chef d'escorte tombe sous l'application de l'article 224 du Code de justice militaire (révision, Paris 21 janvier 1889). (Loi du 15 juillet 1889, article 52.)

Nous avons vu plus haut qu'en cas de mobilisation, les réservistes de n'importe quelle catégorie sont justiciables des conseils de guerre pour tous crimes et délits, à partir du jour où ils sont appelés à l'activité jusqu'au jour où ils sont renvoyés dans leurs foyers. Cette disposition de la loi du 15 juillet 1889 (article 52), n'empêche pas que, si dans cet intervalle ils se trouvent en position de congé, ils ne soient justiciables des conseils de guerre que pour les crimes et délits militaires. (M. 57.)

En résumé, ces réservistes, dès qu'ils sont sous les drapeaux, sont replacés dans la même situation, sous le rapport des juridictions, que les militaires de l'armée active proprement dite.

Hors le cas de complicité avec un individu justiciable des conseils de guerre (M. 79), les réservistes de la marine sont justiciables des juridictions maritimes pour tous crimes et délits militaires. (Circulaire ministérielle du 24 juin 1879.)

Les engagés volontaires et les jeunes soldats affectés définitivement au département de la marine sont justiciables des mêmes juridictions du jour où ils ont reçu une feuille ou un ordre de route (C. M. 76). (Circulaire ministérielle du 31 juillet 1879.)

L'officier de réserve ou assimilé est justiciable des conseils de guerre :

1° Dès qu'il a été régulièrement désigné pour un service ;

2° Lorsqu'il a revêtu son uniforme pour un motif quelconque.

En tout temps il est justiciable des conseils de guerre s'il se rend coupable de trahison, d'espionnage, d'embauchage ou s'il porte illégalement un uniforme ou une décoration sur des effets d'uniforme militaire. (M. 204 à 208, 266. — Décret 15 juillet 1875, articles 11, 12, 14.)

Dès qu'ils sont mobilisés, les fonctionnaires, agents et sous-agents appartenant au service de la télégraphie de l'armée sont justiciables des conseils de guerre pour tous crimes et délits. (Décret du 23 juillet 1884, article 8.)

A dater du jour de leur appel à l'activité, les unités de douanes font partie intégrante de l'armée ; les lois et les règlements qui régissent cette dernière leur sont applicables. (Décret du 15 mars 1890.)

Il en est de même des compagnies, sections et détachements de chasseurs forestiers. (Décret du 18 novembre 1890.)

Le personnel des sociétés d'assistance, employé dans la zone de l'arrière des armées, y est soumis aux lois et règlements militaires ; il est justiciable des tribunaux militaires, par application des articles 62 et 75 du Code de justice militaire. (Décret du 19 octobre 1892, art 8.)

Les conseils de guerre sont compétents pour juger celui qui était militaire au moment de la perpétration des crimes pour lesquels il est recherché ; il importe peu que, depuis, il ait cessé de faire partie de l'armée. (Cassation, 12 octobre 1876.)

Compétence des conseils de guerre à raison du lieu.

Le prévenu est traduit soit devant le conseil de guerre dans le ressort duquel le crime ou le délit a été commis, soit devant celui dans la circonscription duquel il a été arrêté, soit devant celui de la garnison de son corps ou détachement. (M. 61.)

L'insoumis est jugé par le conseil de guerre de la région de corps d'armée dans laquelle il a été arrêté. (Loi du 15 juillet 1889, article 73.)

L'insoumis de la marine est justiciable des juridictions maritimes. (Circulaire ministérielle du 31 juillet 1879. — Décret du 23 janvier 1889.)

Militaire ou assimilé poursuivi en même temps pour une infraction de la compétence des tribunaux militaires et pour une autre infraction de la compétence ordinaire.

L'article 60 du Code de justice militaire est ainsi conçu : « Lorsqu'un justiciable des conseils » de guerre est poursuivi en même temps pour » un crime ou un délit de la compétence des » conseils de guerre et pour un autre crime ou » délit de la compétence des tribunaux ordinaires, » il est traduit d'abord devant le tribunal auquel » appartient la connaissance du fait emportant la » peine la plus grave et renvoyé ensuite s'il y a » lieu, pour l'autre fait devant le tribunal compétent. »

« En cas de condamnation la peine la plus » forte est seule subie. »

« Si les deux crimes ou délits emportent la » même peine, le prévenu est d'abord jugé pour

» le fait de la compétence des tribunaux mili-
» taires. »

La disposition de l'article 60 sera le plus sou-
vent appliquée aux militaires et assimilés en congé
ou en permission ou qui, sans être employés,
reçoivent un traitement et restent à la disposition
du gouvernement ; nous avons vu que, dans ces
diverses positions, les militaires et assimilés sont
justiciables des conseils de guerre pour les crimes
et délits prévus par le Code de justice militaire
(M. 57), et des tribunaux de droit commun pour
les crimes et délits ordinaires.

Les déserteurs ne sont pas considérés comme
étant en activité de service ; ils ne sont donc justiciables des conseils de guerre que pour les
crimes et délits militaires, à moins que les faits
délictueux n'aient été commis pendant qu'ils
étaient encore dans les délais de grâce.

Compétence en cas de complicité.

Les prévenus qui par eux-mêmes, sont justiciables des conseils de guerre (M. 56, 58, 59 ; loi du
15 juillet 1889, article 52 ; décret du 15 juillet 1875,
articles 11 et 12; décret du 23 juillet 1884,
article 8), doivent être traduits devant les tribunaux ordinaires lorsqu'ils ont commis le crime
ou le délit de complicité avec des individus non
justiciables des conseils de guerre. (M. 76.)

Il y a plusieurs exceptions à cette règle :

1° Lorsque le complice est un militaire en congé,
en permission ou non employé (nous avons vu
précédemment que les militaires qui se trouvent
dans ces diverses positions ne sont pas justiciables des conseils de guerre pour les crimes et
délits de droit commun). (M. 57.)

2° Lorsque le complice est un étranger ;

3º Lorsque la complicité a lieu aux armées en pays étranger ;

4º Lorsque la complicité a lieu dans l'arrondissement de l'armée, sur le territoire français, en présence de l'ennemi. (M. 77.)

Les réservistes de toute catégorie ne doivent pas être considérés comme des militaires non employés, sauf pour le cas de rébellion. (Loi du 15 juillet 1889, article 57.)

Les individus justiciables des conseils de guerre, qui commettent des crimes ou des délits de complicité avec des individus justiciables des tribunaux de la marine, sont traduits, ainsi que leurs complices, devant les tribunaux de l'armée de terre ; mais si l'infraction a été commise sur les vaisseaux ou autres navires de l'Etat, dans l'enceinte des ports militaires, arsenaux ou autres établissements maritimes, tous les délinquants sont soumis à la juridiction maritime. (M.78. C. M. 105.)

Compétence des conseils de guerre aux armées et dans les circonscription territoriales en état de guerre.

Sont justiciables des conseils de guerre pour tous crimes ou délits commis aux armées et dans es circonscriptions territoriales en état de guerre :

1º Les justiciables des conseils de guerre en temps de paix ;

2º Les individus employés, à quelque titre que ce soit, dans les états-majors et dans les administrations et services qui dépendent de l'armée ;

3º Les vivandiers et vivandières, cantiniers et cantinières, les blanchisseurs, les marchands, les domestiques et autres individus à la suite de l'armée en vertu de permissions. (M. 62.)

Toutefois, les individus désignés dans le paragraphe qui précède (vivandiers, vivandières, etc.), ainsi que les prisonniers de guerre qui ne sont pas officiers, sont justiciables, aux armées et *sur le territoire étranger*, de la juridiction prévôtale pour toutes infractions prévues par l'article 271 du Code de justice militaire (contraventions de police) et pour celles dont la peine ne peut excéder six mois d'emprisonnement et 200 francs d'amende ou l'une de ces peines. (M. 51 et 75.)

Dans les mêmes circonstances, les vagabonds et gens sans aveu sont aussi soumis à la juridiction prévôtale pour les infractions citées plus haut. (M. 75.)

Les vagabonds ou gens sans aveu sont ceux qui n'ont ni domicile certain, ni moyens d'existence et qui n'exercent habituellement ni métier, ni profession. (P. 270.)

En cas d'infraction à sa parole, l'officier prisonnier de guerre n'est plus considéré et traité que comme soldat. (Décret du 4 août 1811; règlement sur les prisonniers de guerre, art. 35.)

En temps de guerre et lors des convocations, le personnel des sections des chemins de fer de campagne est justiciable des tribunaux militaires. (Règlement ministériel du 22 août 1890.)

Tous les hommes employés au service de garde des voies de communications font, en temps de guerre, partie de l'armée, quelle que soit leur origine et sont soumis aux lois militaires. (Loi du 5 juillet 1890.)

Nous voyons que la compétence des conseils de guerre aux armées est plus étendue que celle des conseils de guerre en temps de paix; il faut que la justice militaire s'accroisse des facultés que la justice ordinaire se trouve impuissante à exercer, car l'armée emporte tout avec elle, c'est comme un Etat qui voyage.

Par individus employés à quelque titre que ce soit dans les états-majors et dans les administrations et services qui dépendent de l'armée, il faut entendre les individus qui, n'appartenant pas à des corps organisés ou ne faisant pas partie de l'armée à titre de militaires en vertu d'un brevet ou d'une commission, sont employés de fait, même temporairement ou par réquisition, à la conduite des charrois, au transport de l'artillerie, bagages, vivres et fourrages de l'armée ou comme écrivains, secrétaires, commis dans les états-majors et administrations de l'armée ; les agents des finances, des postes, des contributions, etc.

Les individus dont il est question au paragraphe 3 doivent être munis d'une patente ou d'une permission accordée par le grand-prévôt ou par les prévôts. (D. 528 et suivants.)

Aux armées et dans les circonscriptions territoriales en état de guerre, les militaires de la gendarmerie faisant partie des prévôtés sont justiciables des conseils de guerre pour tous les crimes et délits commis par eux. (M. 62 et 69.)

Sont justiciables des conseils de guerre, si l'armée est sur le territoire ennemi, tous individus français ou étrangers, qu'ils soient militaires ou non-militaires, qui sont prévenus soit comme auteurs, soit comme complices d'un des crimes ou délits prévus par le titre II du livre IV du Code de justice militaire. Ces crimes ou délits sont les suivants : la trahison, l'espionnage, l'embauchage, les crimes ou délits contre le devoir militaire, la révolte, l'insubordination et la rébellion, les abus d'autorité, l'insoumission et la désertion, la vente, le détournement, la mise en gage et le recel d'effets militaires, le vol d'armes, de munitions, de deniers et d'effets commis par des comptables, le dépouillement d'un blessé, les violences faites à un blessé pour le dépouiller, le pillage, la destruction et la dévastation d'édifices militaires, le faux en matière d'administration militaire, la corruption, la prévarication et l'infidélité dans le service et dans l'administration militaire, l'usurpation d'uniforme, de costume, d'insignes, de décorations et de médailles. (M. 63.)

Il est de jurisprudence constante que, durant l'état de guerre et alors surtout que le pays où se fait l'expédition n'a plus de justice organisée, les tribunaux d'un corps expéditionnaire connaissent de tous les crimes et délits, même non prévus par le Code de justice militaire, qui portent atteinte à la sûreté de l'armée.

Les tribunaux militaires connaissent même des crimes ou délits prévus par le Code de justice militaire lorsque l'état de guerre a fait place à une simple occupation d'un caractère protecteur, bien qu'ils aient été commis par des non-militaires et quelle que soit la nationalité de ceux-ci.

Lorsqu'une armée française opère à l'étranger conjointement avec les forces militaires d'une armée alliée, chaque armée conserve sa juridiction propre et, par suite, les délinquants appartenant à l'armée alliée doivent être remis à celle-ci immédiatement après leur arrestation, même en cas de complicité avec des militaires français.

Les officiers de police judiciaire militaire ont toutefois le droit et le devoir de procéder contre ces délinquants à tous les actes de l'information préliminaire.

Nous extrayons d'une circulaire ministérielle du 1er mai 1859 le passage suivant :

« Relativement à la police générale et à la
» police judiciaire, il est essentiel de remarquer
» que la situation des troupes françaises et sardes,
» au point de vue du droit des gens et du droit
» de la guerre, exige l'application de principes
» particuliers. Soit qu'il s'agisse d'infractions à
» la discipline des armées en général, soit qu'il
» y ait lieu de réprimer de simples contraven-
» tions, des délits et même des crimes, il ne faut
» pas oublier que chacune des deux armées
» française et sarde conserve la juridiction qui
» lui est propre, et qu'en conséquence, séparées
» ou réunies, elles ne cessent pas, quelle que soit
» la combinaison des forces militaires qui pour-
» raient agir ensemble, de relever de leurs chefs
» respectifs et d'appartenir à leurs juges natio-
» naux.

» Il s'ensuit que toute arrestation qui serait
» faite de militaires sardes, comme auteurs ou
» complices d'actes constituant des contraventions
» de police, des crimes ou délits, devrait avoir
» immédiatement pour résultat l'envoi ou la
» remise des inculpés à l'autorité de la nation à
» laquelle ils appartiendraient.

» Pour se conformer à ce principe et pour
» assurer néanmoins la répression des faits dé-
» fendus et punis par les lois pénales particu-
» lières à chaque nation, les grands-prévôts
» auraient soin de dresser les procès-verbaux,
» d'opérer les saisies nécessaires, de constater
» l'existence des pièces à conviction et de les

» réunir ; en un mot, de faire, pour arriver à la
» découverte de la vérité, tous les actes prélimi-
» naires que prescrivent le Code d'instruction
» criminelle et le Code de justice militaire dans
» la partie relative à l'action de la police judi-
» ciaire. Ces pièces seraient adressées aux auto-
» rités compétentes en même temps que la
» remise des prévenus leur serait faite par la
» force publique, qui est toujours à la disposition
» de la prévôté. Ce qui vient d'être dit au sujet
» de la complicité simultanée de délits ou de
» crimes de la part de militaires appartenant à la
» France et à la Sardaigne, s'applique à la
» complicité qui pourrait exister entre des mi-
» litaires et des habitants. La même dis-
» jonction s'opérerait alors de plein droit. Le
» même mode de procéder serait employé, et
» la prévôté, en remettant à l'autorité sarde
» les informations préliminaires et les dé-
» linquants qui appartiendraient à sa juridiction,
» assurerait la répression d'actions coupables,
» dont l'impunité est toujours dangereuse pour la
» morale publique.

» On ne saurait trop recommander d'agir avec
» tact et prudence pour maintenir la discipline
» et le bon ordre afin de ne pas altérer l'har-
» monie qu'il est du plus haut intérêt de voir
» régner entre les armées alliées et les habitants. »

Lorsque l'armée se trouve sur le territoire d'une
nation alliée, les officiers de police judiciaire
militaire doivent se concerter avec les magistrats
de la localité pour la recherche des inculpés
appartenant à cette nation, laissent à ces magistrats le soin de s'assurer de la personne de leurs

nationaux et, pour ce faire, leur prêtent main-forte au besoin.

Sont également justiciables des conseils de guerre, lorsque l'armée se trouve sur le terri-toire français en présence de l'ennemi, pour les crimes et délits commis dans l'arrondissement de cette armée :

1° Les étrangers prévenus de crimes et délits prévus par le Code de justice militaire ; nous les avons cités plus haut ;

2° Tous individus même Français non militaires prévenus comme auteurs ou complices de trahison, espionnage, embauchage (M. 204 à 208), de dépouillement d'un blessé, de violences commises sur un blessé pour le dépouiller (M. 249), de pillage, de destruction et de dévastation d'édifices (M. 250 à 254 ; 64).

L'arrondissement d'une armée doit embrasser non-seulement le territoire occupé militairement, les cantonnements divers, les bivouacs, les flancs, les derrières de l'armée, ses magasins de toute espèce, ses réserves et tout le service nécessaire pour les garder, mais aussi le terrain qui envi-ronne les opérations de l'armée aussi loin que la sûreté exigera que les opérations soient sauve-gardées. (Foucher.)

Le conseil de guerre d'une division ou d'un détachement a compétence sur tous les militaires qui en font partie jusqu'au grade de capitaine inclusivement, ainsi que sur les assimilés des rangs correspondants.

Le conseil de guerre du quartier-général d'un corps d'armée a compétence sur tous les militaires ou assimilés attachés à ce quartier-général et sur tous les officiers supérieurs ou assimilés appartenant à ce corps d'armée et jusqu'au grade de colonel inclusivement.

Le conseil de guerre du quartier-général de l'armée a compétence sur les militaires et individus attachés au quartier-général de l'armée ou non compris dans les divisions ou corps d'armée, sur les officiers généraux et individus de rangs correspondants et enfin sur les militaires ou assimilés désignés dans le paragraphe précédent s'il n'a pas été établi de conseil de guerre au quartier-général de leur corps d'armée. (M. 65. 66 et 67).

Quant aux individus non militaires et cependant justiciables des conseils de guerre, ils sont traduits devant l'un des conseils de guerre les plus voisins du lieu dans lequel ils ont été arrêtés, ou du lieu dans lequel le crime ou le délit a été commis. (M. 68,.)

Compétence des conseils de guerre dans les communes et les départements en état de siège, et dans les places de guerre assiégées ou investies.

L'état de siège est la situation particulière, exceptionnelle d'une partie du territoire, qui, en raison de péril, pour la sécurité soit intérieure soit extérieure de l'Etat, se trouve placée sous l'autorité militaire pour tout ce qui concerne le maintien de l'ordre et de la police. (Lois du 9 août 1849 et du 3 avril 1878.)

Une place de guerre est dite assiégée lorsque l'ennemi a commencé contre elle des attaques régulières.

Une place de guerre est dite investie, quand

l'ennemi a complètement intercepté les communications de cette place avec l'extérieur.

Dans les lieux en état de siège et dans les places de guerre assiégées ou investies, la juridiction militaire s'étend à toutes personnes qui aux armées seraient justiciables des conseils de guerre, c'est-à-dire à toutes personnes, même non militaires, auteurs ou complices des crimes ou délits militaires. (M. 70.)

En vertu de la loi du 9 août 1849 sur l'état de siège, les tribunaux militaires peuvent être saisis de la connaissance des crimes et délits contre la sûreté de la République, contre la Constitution, contre l'ordre et la paix publique, quelle que soit la qualité des auteurs principaux ou des complices. (P. 75 à 294.)

Par arrêt du 27 novembre 1874, la Cour de cassation a décidé que : « dans des circonstances
» données qu'il appartient à l'autorité militaire
» d'apprécier, certains crimes et délits de droit
» commun peuvent être considérés comme portant un trouble à l'ordre ou à la paix publique
» dans le sens de la loi sur l'état de siège ; tels
» sont les injures, menaces, provocations, coups
» et blessures dont est l'objet un militaire en
» uniforme. »

Dans les lieux en état de siège, dans les places de guerre assiégées ou investies, les militaires de la gendarmerie sont justiciables des conseils de guerre pour tous crimes ou délits commis par eux (M. 70 Décret du 4 octobre 1891, article 119. Loi sur l'état de siège, article 7.)

Nous savons que les individus justiciables des conseils de guerre qui commettent, en dehors de l'enceinte des établissements, maritimes, des

crimes ou des délits de complicité avec des individus justiciables des tribunaux de la marine sont
traduits, ainsi que leurs complices, devant les
tribunaux de l'armée de terre.

La même juridiction est saisie lorsque les bâtiments de l'Etat, ports militaires, arsenaux ou
autres établissements maritimes où le fait a été
commis se trouvent dans une circonscription en
état de siège. (M. 79. C. M. 106.)

Les conseils de guerre aux armées, dans les
circonscriptions territoriales en état de guerre,
dans les lieux en état de siège, et les places de
guerre assiégées ou investies statuent, séance
tenante, sur tous les crimes et délits commis à
l'audience lors même que le coupable ne serait
pas leur justiciable. (M. 158).

ORDRE D'INFORMER

La poursuite des crimes et délits ne peut avoir lieu à peine de nullité que sur un ordre d'informer

L'ordre d'informer est donné par le général commandant la circonscription et par le ministre si l'inculpé est colonel ou officier général (M. 99).

Dans les circonscriptions territoriales en état de guerre, dans les communes et les départements en état de siège, dans les places de guerre assiégées ou investies l'ordre d'informer est donné :

Par le général en chef à l'égard des inculpés justiciables du conseil de guerre du quartier-général de l'armée ;

Par le général commandant le corps d'armée à l'égard des individus justiciables du conseil de guerre du corps d'armée ;

Par le général commandant la division, à l'égard des individus justiciables du conseil de guerre de la division ;

Par le commandant du détachement à l'égard des individus justiciables du conseil de guerre formé dans le détachement ;

Par le gouverneur ou commandant supérieur dans les places assiégées ou investies. (M. 154).

Aux armées, dans les circonscriptions territoriales en état de guerre et dans les places de guerre assiégées ou investies, l'accusé peut être traduit directement et sans instruction préalable devant le conseil de guerre par l'autorité à qui appartient le droit de donner l'ordre d'informer. (M. 156).

Il est donc indispensable que les documents qui lui sont remis lui fournissent tous les éléments nécessaires pour caractériser le crime et permettre de réunir immédiatement devant le conseil les témoignages et les preuves.

Dans ces circonstances, les officiers de police judiciaire militaire ne sauraient établir avec trop de soin les procès-verbaux d'information.

Lorsque des armées, corps d'armée ou divisions actives sont formés dans les circonscriptions territoriales, les conseils de guerre et de révision permanents qui s'y trouvent déjà organisés connaissent de toutes les affaires de la compétence des conseils de guerre et de révision aux armées tant que des conseils d'armée n'ont pas été créés (M. 42) par ordre du ministre de la Guerre. (M. 33.)

DE LA POLICE JUDICIAIRE MILITAIRE

Officiers de police judiciaire militaire.

La police judiciaire militaire recherche les crimes ou les délits commis par les individus justiciables des tribunaux militaires, en rassemble les preuves et en livre les auteurs à l'autorité chargée d'en poursuivre la répression devant ces tribunaux. (M. 83.)

La police judiciaire militaire est exercée sous l'autorité du général commandant le corps d'armée comme la police judiciaire de droit commun s'exerce sous l'autorité des cours d'appel; c'est cette autorité du général qui est substituée dans l'ordre militaire à celle des juges d'instruction, du ministère public et des chambres de mises en accusation pour décider s'il y a lieu, dans l'intérêt de la justice et du bon ordre, de donner suite à une dénonciation ou à une rumeur publique.

Le général commandant le corps d'armée est donc le centre où viennent aboutir tous les officiers de la police judiciaire militaire. (M. 84.)

La police judiciaire militaire est exercée :

1° Par les adjudants de place ;

2° Par les officiers, sous-officiers et commandants de brigade de gendarmerie ;

3° Par les chefs de poste ; ce dernier mot doit être pris dans l'acception qui lui est donnée par la loi du 18 juillet 1791, dans laquelle il est employé comme synonyme de place de guerre d'une importance secondaire.

4° Par les gardes de l'artillerie et du génie (1);

5° Par les rapporteurs près des conseils de guerre en cas de flagrant délit, lorsqu'ils sont en uniforme et dans l'exercice de leurs fonctions de rapporteurs. (M. 84.)

Il faut ajouter à cette liste les chefs de bureau arabes en Algérie et leurs adjoints titulaires auxquels le décret du 15 mars 1860 a attribué le caractère d'officiers de police judiciaire pour la recherche des crimes et des délits commis par les Arabes en territoire de commandement.

Les commandants et majors de place, les chefs de corps, de dépôt et de détachement, les chefs de service d'artillerie et du génie, les membres du corps de l'intendance militaire peuvent faire personnellement et requérir les officiers de police judiciaire, chacun en ce qui le concerne, de faire tous les actes nécessaires à l'effet de constater les crimes et les délits, et d'en livrer les auteurs aux tribunaux chargés de les punir.

Les chefs de corps peuvent déléguer les pouvoirs qui leur sont donnés à l'un des officiers sous leurs ordres. (M. 85.)

Les commandants de dépôt ou de détachements de prisonniers de guerre sont compris dans la nomenclature qui précède.

Les officiers de police judiciaire militaire re-

(1) Les gardes du génie portent maintenant le titre d'adjoints du génie.

cherchent et constatent les crimes et les délits soumis à la juridiction des conseils de guerre de la marine lorsqu'il ne se trouve pas d'officier de police judiciaire maritime présent sur les lieux. (C. M. 123.)

Les officiers de police judiciaire ordinaire ne sont appelés à rechercher les crimes et délits soumis à la juridiction des conseils de guerre, qu'à défaut d'officier de police judiciaire militaire présent sur les lieux. (M. 93.)

Les grands-prévôts et les prévôts ne sont pas désignés aux articles 84 et 85 du Code de justice militaire, mais ils sont presque toujours choisis parmi les officiers de gendarmerie et c'est à ce titre qu'ils informent comme officiers de police judiciaire militaire.

Les brigadiers de gendarmerie attachés aux forces publiques des armées mobilisés ne peuvent instrumenter comme officiers de police judiciaire militaire, à moins toutefois qu'ils ne soient chefs de détachement; les brigadiers de la garde républicaine ne sont pas officiers de police judiciaire militaire.

Un simple gendarme commandant une brigade soit provisoirement, soit par intérim, est officier de police judiciaire militaire.

Lorsque les officiers, sous-officiers de gendarmerie et commandants de brigade, sont requis conformément à l'article 85 du Code de justice militaire, ils doivent se faire remettre par le fonctionnaire qui requiert une pièce signée de lui constatant la réquisition; cette pièce est jointe aux procès-verbaux rédigés par l'officier de police judiciaire militaire; en aucun cas, ils ne peuvent refuser d'obtempérer à la réquisition.

Tout individu justiciable des conseils de guerre, qui s'est rendu coupable d'un crime ou d'un délit, peut donc être remis entre les mains de la gendarmerie, mais le gendarme qui reçoit l'inculpé doit tout d'abord réclamer un réquisitoire du chef de corps, de détachement, etc., etc., constatant la réquisition et énonçant clairement l'infraction commise.

L'inculpé est conduit sur-le-champ devant l'officier de police judiciaire militaire qui se trouve le plus à proximité.

Les officiers de police judiciaire militaire doivent informer toutes les fois qu'il parvient à leur connaissance qu'un individu justiciable des conseils de guerre s'est rendu coupable d'un crime ou d'un délit. (M. 83 ; D. 524.)

En cas de concurrence, le grade doit déterminer à qui incombe l'action, parce que la loi hiérarchique reprend alors son empire.

Le projet du Code de justice militaire comprenait, à propos de la question de concurrence, une disposition ainsi conçue: « Lorsqu'il y aura con- » currence entre plusieurs officiers de police » judiciaire, la préférence appartiendra au plus » élevé en grade, et à grade égal au plus ancien » de grade sauf les exceptions ci-après.

» La préférence appartiendra:

» 1° Aux commandants et majors de place » pour tous les crimes ou délits commis dans » la place, sauf néanmoins les crimes ou délits » d'administration ou de comptabilité militaire » pour lesquels les membres de l'intendance mi- » litaire auront la préférence sur les comman- » dants et majors de place;

» 2° Aux membres des corps de l'intendance

» militaire pour les crimes ou délits d'adminis-
» tration ou de comptabilité militaire ;

» Aux officiers et gardes de l'artillerie et du
» génie pour les dégradations qui seraient com-
» mises dans les ouvrages de fortifications, bâti-
» ments, magasins ou autres établissements pla-
» cés sous leur surveillance.

» Dans les autres cas que ceux qui sont spéci-
» fiés dans les divers numéros du présent article,
» la préférence, à égalité de grade, appartiendra
» toujours aux officiers, sous-officiers et com-
» mandants de brigade de gendarmerie.

» La commission ministérielle supprima cette
» disposition, *non pas parce qu'elle en désap-
» prouvait le principe,* mais parce que, dans
» son désir de diminuer le nombre des articles
» du Code et de simplifier le texte, elle crut
» que ce mode de préférence pouvait émaner
» d'un simple règlement d'exécution, puisqu'il
» s'agissait de déterminer le mode d'action
» entre militaires relevant tous de la même
» autorité.

» La prescription du projet primitif conserve
» donc toute sa force morale, et doit aujourd'hui
» servir de règle dans l'appréciation que chaque
» autorité appelée à concourir à l'action de la
» police judiciaire aura à faire de son interven-
» tion. » (Foucher.)

Lorsque dans une résidence, il se trouve plusieurs officiers de police judiciaire militaire appartenant à la gendarmerie, celui d'entre eux qui
a connaissance d'un crime ou d'un délit doit com-
mencer l'information judiciaire, mais il rend
compte sur-le-champ à son supérieur ; si celui-ci
se présente dans le cours des opérations, il peut

continuer tous les actes attribués a la police judiciaire militaire.

Il est essentiel que les officiers de gendarmerie et même les commandants de brigade procèdent à une information judiciaire lorsqu'un de leurs subordonnés a commis un crime ou un délit, surtout pour ceux concernant la discipline, attendu que les rapporteurs et les commissaires du gouvernement étant peu au courant des règlements de l'arme, il se produit quelquefois des acquittements regrettables.

La recherche de toutes les infractions aux lois constitue un des devoirs les plus essentiels de la gendarmerie : lors donc qu'une personne, qu'elle que soit sa nationnalité, porte plainte ou dénonce un crime ou un délit commis par un individu justiciable des tribunaux militaires, les gendarmes doivent recevoir sa déclaration ou mieux encore la conduire sur-le-champ devant l'officier de police judiciaire militaire qui est le plus à proximité.

« Lorsqu'une plainte est établie par un chef
» de détachement, il doit procéder lui-même à
» l'information, puis il adresse la plainte direc-
» tement au général commandant la subdivision
» et en rend compte à son chef de corps. » (Note ministérielle du 9 juin 1870.)

Accusé. — Prévenu. — Inculpé.

Dans le langage du droit criminel, l'accuse est celui contre lequel il a été délivré un ordre de mise en jugement pour crime.

Le prévenu est celui contre lequel il a été rendu

une ordonnance de mise en prévention de crime ou de délit.

L'inculpé est celui qui est désigné ou poursuivi comme punissable pour crime, délit ou contravention, et qui n'est encore ni prévenu ni accusé.

Contumax. — Défaillant.

On nomme contumax l'individu accusé d'un crime qui s'est soustrait par la fuite aux recherches de la justice. Le contumax est jugé quoique absent et le jugement rendu contre lui prend le nom de jugement par contumace.

On nomme défaillant l'individu prévenu d'un délit ou même d'une contravention qui est en fuite. Le défaillant est jugé quoique absent et le jugement rendu contre lui prend le nom de jugement par défaut.

Contravention. — Délit. — Crime.

L'infraction que les lois punissent des peines de police est une contravention ; celle qu'elles punissent des peines correctionnelles est un délit ; celle qu'elles punissent des peines afflictives ou infamantes est un crime (P. 1 ; D. 250.)

Dans un sens beaucoup plus étendu, on entend par délit une violation quelconque de la loi ; c'est l'acception que ce mot reçoit par exemple dans les expressions suivantes : flagrant délit, corps du délit, faits ou éléments constitutifs du délit.

Plainte et dénonciation.

L'officier de police militaire reçoit, en cette qualité, les dénonciations et les plaintes qui lui sont adressées. (M. 86.)

La dénonciation est l'avis donné à un officier de police judiciaire d'un fait puni par les lois sans que la personne qui dénonce ait été personnellement lésée par le fait dont elle vient déclarer l'existence.

La plainte est aussi une dénonciation, mais qui émane de la personne qui a souffert du crime ou du délit.

La dénonciation ou la plainte doit être rédigée par le dénonciateur ou par un fondé de procuration spéciale ou par l'officier de police judiciaire s'il en est requis.

Elle doit énoncer :

1° La nature et les circonstances de l'infraction ;

2° Le temps et le lieu où elle a été commise ;

3° Les preuves et les indices à la charge de l'inculpé ;

4° Les nom, prénoms, profession et demeure des plaignants, des témoins s'il en existe et des prévenus s'ils sont connus.

La plainte ou la dénonciation doit toujours être signée à chaque feuillet par l'officier de police judiciaire militaire qui la reçoit et par le plaignant, le dénonciateur ou le fondé de pouvoir.

L'officier de police judiciaire paraphe et fait parapher, les renvois et les ratures par le plaignant, le dénonciateur ou le fondé de pouvoir.

Si le plaignant, le dénonciateur ou le fondé de pouvoir ne sait ou ne veut pas signer, il en est fait mention.

La procuration est toujours annexée à la plainte ou à la dénonciation, et le dénonciateur pourra se faire délivrer, mais à ses frais, une copie de sa dénonciation.

Lorsque la plainte ou la dénonciation est remise

toute rédigée à l'officier de police judiciaire militaire, il ne peut rien ajouter et il doit se borner à la signer à chaque feuillet; si la plainte ou l dénonciation est présentée signée, l officier d police judiciaire militaire s'assure que la signature est bien celle du plaignant ou du fondé d pouvoir.

L'officier de police judiciaire militaire doit donner suite aux plaintes et dénonciations qu'il reçoit; il informe sur-le-champ s'il y a lieu.

Information.

L'officier de police judiciaire militaire rédige les procès-verbaux nécessaires pour constater le corps du délit et l'état des lieux (M. 86.)

Les procès-verbaux en matière criminelle sont des rapports écrits par lesquels les fonctionnaires compétents constatent avec détail les crimes, délits ou contraventions.

Le corps du délit est l'objet même sur lequel a eu lieu le crime.

Le procès-verbal relatif à l'état des lieux concerne la situation, l'état dans lequel se trouvent les endroits et les différents objets voisins du lieu où l'infraction a été commise.

Lorsqu'il s'agit de blessures ou de mort violente, l'officier de police judiciaire militaire se fait assister d'un ou de deux médecins ou officiers de santé, qui lui remettent leur rapport sur l'état des blessures ou sur les causes de la mort et l'état du cadavre; s'il s'agit de blessures, le rapport doit indiquer leur gravité, si elles doivent entraîner une incapacité de travail, et quelle en sera la durée présumée. (C. 44.)

L'officier de police judiciaire militaire fait préalablement prêter serment aux médecins ou officiers de santé de faire leur rapport et de donner leur avis en leur honneur et conscience ; il constate cette prestation de serment sur son procès-verbal auquel il joint le rapport qu'il vise *ne varietur*.

Il est procédé de la même manière lorsqu'il y a lieu d'appeler des experts qui, par leur art ou profession, sont capables d'apprécier la nature du crime ou du délit. (C. 43 et 44.)

Chaque expert ou médecin doit être admis à prêter serment suivant le rite de sa religion ; les experts ou les médecins peuvent être pris parmi les témoins, ils prêtent alors un double serment ; un étranger peut être choisi comme expert.

Il est utile que l'officier de police judiciaire militaire mentionne dans son procès-verbal, autant que possible, le détail des faits ainsi que l'avis des experts ou des médecins, sauf à ne rapporter que les observations principales, les conclusions sommaires, puis il indique que les experts ou les médecins ont rédigé séparément leur rapport, s'il y a lieu, et qu'il sera annexé.

Audition des témoins.

L'audition des témoins constitue l'acte le plus important de la procédure qu'on désigne sous le nom d'*information* ; elle a pour but de réunir tous les éléments de l'accusation, même ceux qui peuvent être à la décharge de l'inculpé et de préparer le débat oral qui doit avoir lieu devant le conseil de guerre.

L'officier de police judiciaire militaire peut,

sans être assisté d'un greffier, recevoir les dépositions des témoins. (Circ. minist. du 6 août 1872.)

Toutefois, pour donner plus de force à ses constatations, il convient que ce magistrat ait recours à l'assistance d'un greffier lorsqu'il en a un à sa disposition.

Le greffier prête serment ; il doit avoir plus de 25 ans. (M. 22.)

L'officier de police judiciaire peut employer un interprète qui prête serment et signe à la fin du procès-verbal ; l'interprète peut être un étranger ; il doit être âgé de vingt et un ans au moins ; le greffier peut servir d'interprète pourvu qu'il prête un nouveau serment.

Un témoin ne peut être désigné comme interprète, même après avoir été entendu.

L'officier de police judiciaire peut être obligé d'avoir recours à un traducteur pour la traduction de lettres, notes ou pièces quelconques écrites dans une langue étrangère. Tout ce que nous venons de dire des interprètes en général s'applique aux traducteurs.

Lorsqu'il agit de son propre mouvement ou par suite de plainte ou de dénonciation, l'officier de police judiciaire militaire reçoit la déclaration des personnes présentes ou qui auraient des renseignements à donner ; il peut appeler à son procès-verbal les parents, voisins, domestiques présumés en état de donner des éclaircissements, il n'est question ici que des personnes qui se trouvent sur les lieux, sans qu'il soit besoin de leur envoyer de cédule. (M. 86. C. 33.)

Si l'un des témoins refuse de se rendre à l'invitation qui lui est faite de venir déposer, l'officier de police judiciaire militaire dresse procès-verbal en ayant soin d'indiquer le fait sur lequel ce témoin aurait été appelé à déposer.

Lorsque des témoins militaires sont appelés à déposer devant l'officier de police judiciaire militaire, celui-ci doit s'adresser d'abord aux chefs de corps pour les faire comparaître, à moins toutefois qu'il ne les trouve sur les lieux lorsqu'il arrive pour constater le crime ou le délit.

L'officier de police judiciaire militaire entend les témoins séparément et hors la présence du prévenu ; il leur fait prêter serment de dire toute la vérité, rien que la vérité. (M. 104. C. 73.)

L'officier de police judiciaire dit au témoin : vous jurez de dire toute la vérité, rien que la vérité ? Le témoin, levant la main droite, répond : je le jure.

Il leur demande leurs nom, prénoms, état, profession, demeure, s'ils sont domestiques, parents ou alliés des parties et à quel degré ; il sera fait mention de la demande et des réponses des témoins. (C. 75.)

Chaque déposition doit être signée à la fin par l'officier de police judiciaire militaire, par le greffier, s'il y en a un, et par le témoin, après que la lecture lui en a été faite et qu'il a déclaré y persister ; si le témoin ne veut ou ne peut signer il en est fait mention. Chaque page du cahier d'information doit être signée par le magistrat instructeur et par le greffier (C. 76), et par les personnes qui y ont assisté. En cas de refus ou d'impossibilité de signer de la part de celles-ci, il en est fait mention. (M. 92.)

Il est d'habitude de recevoir chaque déclaration sur une feuille détachée, afin de faciliter les recherches.

L'officier de police judiciaire veille à ce qu'il n'existe dans la déposition de chaque témoin aucun interligne et que les ratures ou renvois soient approuvés ; à cet effet, chaque renvoi est suivi des mots : « *approuvé le présent renvoi,* » au-dessous desquels mots sont placées les signatures de l'officier de police judiciaire militaire, du greffier et du témoin ; quant à ce qui est des ratures, elles sont approuvées à la fin de la déposition et avant les signatures par les mots : « *approuvé* (indiquer en toutes lettres le nombre) *mots rayés nuls* ». S'il existe des surcharges, elles sont indiquées à la suite des mots rayés nuls par : *et les mots surchargés* (suivent les mots qui ont été surchargés). (C. 78.)

Les règles qui précèdent devront être observées dans tous les autres actes de l'instruction.

Les enfants de l'un ou de l'autre sexe au-dessous de l'âge de quinze ans pourront être entendus par forme de déclaration et sans prestation de serment (C. 79). Il en est de même pour les ascendants de l'inculpé, ses descendants, ses frères et sœurs, ses alliés au même degré, son conjoint. (C. 322.)

Malgré la formalité du serment, les fausses dépositions devant l'officier de police judiciaire ne constituent pas le faux témoignage.

Le témoin doit doit déposer sans armes ; il se tient debout et découvert, à moins que le magistrat instructeur ne permette qu'il en soit autrement. (Circulaire ministérielle du 10 décembre 1862.)

Dispenses de déposer.

Les médecins, chirurgiens, pharmaciens, sages-femmes, et autres dépositaires des secrets à eux confiés par suite de leur position, ne sont point tenus de révéler les faits connus d'eux en vertu de leur profession. Il en est de même pour le secret de la confession, pour le secret des avocats, avoués, notaires qui ont connaissance de faits par leurs fonctions. (P. 378.)

La divulgation des maladies épidémiques n'engage pas le secret professionnel. (Loi du 30 novembre 1892, article 15.)

Saisie de pièces à conviction.

Les officiers de police judiciaire militaire se saisissent des armes, effets, papiers et pièces tant à charge qu'à décharge et en général de tout ce qui peut servir à la manifestation de la vérité. (M. 86.)

Si la nature du crime ou du délit est telle que la preuve puisse vraisemblablement être acquise par les papiers ou autres pièces et effets en la possession de l'inculpé, le magistrat instructeur se transportera de suite au domicile de cet inculpé pour y faire la perquisition des objets qu'il jugera utiles à la manifestation de la vérité. (C. 36.)

Toutes ces opérations doivent se faire en présence de l'inculpé, s'il a été arrêté, et, s'il ne veut ou ne peut y assister, en présence d'un fondé de pouvoir qu'il pourra nommer ; il en sera fait mention au procès-verbal. Les objets lui seront présentés à l'effet de les reconnaître et de les parapher s'il y a lieu ; en cas de refus, il en sera également fait mention. (C. 39.)

S'il existe dans le domicile du prévenu des papiers ou effets qui puissent servir à conviction ou à décharge, l'officier de police judiciaire militaire en dressera procès-verbal et se saisira desdits effets ou papiers. (C. 37.)

Les objets saisis seront clos et cachetés si faire se peut, et, s'ils ne sont pas susceptibles de recevoir des caractères d'écriture, ils seront mis dans un vase ou dans un sac sur lequel l'officier de police judiciaire attachera une bande de papier qu'il scellera de son sceau. (C. 38.)

Le droit de procéder à des perquisitions et à des saisies emporte nécessairement celui de faire et d'ordonner tout ce qui est propre à y parvenir, comme de faire ouvrir de force la maison, les appartements, les meubles.

L'article 42 du Code d'instruction criminelle

n'étant pas visé par l'article 86 du Code de justice militaire, il faut en conclure que la présence du commissaire de police ou, à défaut, du maire ou de son adjoint et, en cas d'absence, de deux citoyens domiciliés dans la commune, n'est pas exigée pendant les diverses opérations faites par l'officier de police judiciaire militaire ; toutefois, comme le Code de justice militaire a rappelé dans son article 91 les règles qui protègent l'inviolabilité du domicile, il est indispensable que les magistrats militaires se fassent assister des personnes citées plus haut pour s'introduire dans le domicile de l'inculpé.

Ils peuvent passer outre s'ils n'ont pas la possibilité de se procurer des témoins. (C. 42. M. 91.)

Interrogatoire de l'inculpé.

Si, au moment où l'officier de police judiciaire militaire commence son instruction, l'inculpé est arrêté, il procède tout d'abord à son interrogatoire, puis ensuite, il se livre aux actes de l'instruction, tels que constat des lieux, audition des témoins, etc. ; ce premier interrogatoire peut être fait d'une manière sommaire, si l'officier de police judiciaire militaire ne possède pas tous les documents nécessaires pour qu'il soit complet, sauf à le reprendre s'il y a lieu.

La loi veut que l'instruction commence par l'interrogatoire de l'inculpé, mais le nombre des interrogatoires n'est pas limité. (C. 40.)

L'officier de police judiciaire militaire interroge l'inculpé sur ses nom, prénoms, âge, lieu de naissance, profession et domicile avant son entrée au service et sur les circonstances du fait qui lui est reproché; les pièces à conviction lui sont représentées et il l'interpelle pour qu'il ait à déclarer s'il les reconnaît ; il constate ses réponses et termine en lui donnant lecture de son interrogatoire, afin qu'il déclare que ses réponses ont été fidèlement inscrites, qu'elles contiennent la vérité et qu'il y persiste.

S'il y a plusieurs inculpés, chacun d'eux est interrogé séparément, sauf à les confronter s'il y a lieu.

Un inculpé ne peut jamais être entendu comme témoin contre son complice; il peut seulement être interpellé dans ses interrogatoires sur ce qu'il sait contre celui-ci.

L'officier de police judiciaire militaire doit recevoir toutes les pièces ou documents que l'inculpé croit devoir produire pour se disculper ; il doit lui être donné lecture des procès-verbaux de l'information et cette formalité doit être constatée.

L'interrogatoire est signé par l'officier de police judiciaire militaire, le greffier, s'il y en a un, et par l'inculpé; si ce dernier refuse de signer, mention est faite de son refus; il en est de même s'il ne sait ou ne peut signer. (M. 101.)

Le signalement de l'inculpé doit être placé à la suite de son interrogatoire.

Si l'inculpé est arrêté pendant le cours de l'instruction, l'officier de police judiciaire militaire procède immédiatement à son interrogatoire, lui donne lecture des procès-verbaux déjà rédigés, constatant les opérations qui auraient dû être faites en sa présence, et le fait ensuite assister à celles qui ne sont pas encore terminées, telles que perquisitions, constat des lieux, autopsie, etc. ; il entend comme témoins les personnes qui

ont procédé à l'arrestation de l'inculpé, afin de
constater les circontances de cette arrestation,
ainsi qu'à la saisie des objets qui ont été trouvés
sur lui et pouvant servir de pièces à conviction.

Ces objets sont représentés à l'inculpé comme
il est dit plus haut.

L'officier de police judiciaire militaire interroge l'inculpé hors de la présence des témoins,
mais il peut le confronter avec l'un de ces témoins
s'il le croit utile à la manifestation de la vérité
et surtout s'il s'agit de faire reconnaitre l'inculpé ;
il constate cette confrontation et ses résultats dans
les procès-verbaux de l'information et, après en
avoir donné lecture à l'inculpé et au témoin, il
les requiert de les signer et, s'ils ne savent ou ne
le veulent pas, il en est fait mention.

Les perquisitions, les saisies, les expertises,
etc., devant être faites en présence de l'inculpé,
il est nécessaire de donner lecture à celui-ci des
procès-verbaux constatant ces opérations et d'y
faire mention de sa présence.

La lecture à l'inculpé des procès-verbaux relatant les dépositions des témoins est réservée au
rapporteur, mais en campagne, où il importe
d'abréger le travail de ce magistrat, l'officier de
police judiciaire militaire devra remplir cette formalité et le constater. (Décision du 24 septembre
1879.)

Si l'arrestation a été opérée par des membres
de la gendarmerie ou tous autres agents de l'autorité, et qu'ils en aient dressé procès-verbal,
cette pièce est jointe à la procédure, et l'officier
de police judiciaire militaire se dispense de les
entendre comme témoins, à moins que le procès-

verbal ne laisse à désirer, soit par sa rédaction, soit par la manière dont les faits y sont rapportés.

L'officier de police judiciaire militaire qui procède à l'interrogatoire ne peut se permettre aucune suggestion, ainsi il ne doit pas faire connaître à l'inculpé les personnes ou les choses qui doivent être l'objet de ses réponses. Il doit surtout éviter les suggestions à raison des faits principaux ou accessoires qui ne seraient pas encore prouvés, mais il peut ne pas laisser ignorer à l'inculpé que les soupçons tombent sur lui, sans lui révéler, du moins complétement, les indices que l'instruction a déja pu recueillir.

Il importe aussi d'éviter les questions captieuses ou équivoques, parce qu'elles sont de nature à faire faire à l'inculpé, contrairement à son intention, des déclarations qui pourraient être considérées comme constituant des aveux.

L'officier de police judiciaire militaire peut employer les représentations et exhortations pour obtenir des aveux; mais il ne peut, dans ce but, user de menaces ou de violences, ni faire de promesses de grâce ou de commutation de peine.

Les procès-verbaux et tous autres documents établis conformément à la loi par les officiers de police judiciaire sont considérés en justice comme pièces régulières de l'instruction, et ont la même force et la même autorité que s'ils avaient été dressés par le rapporteur, si ce magistrat n'a pas jugé convenable de les recommencer. (M. 104.)

L'officier de police judiciaire militaire doit s'abstenir de faire aucun rapport de l'affaire à laquelle il a procédé.

Un des devoirs les plus impérieux de la police judiciaire, c'est l'activité, pour que justice soit administrée brièvement et en grande équité. (Duverger.)

Un rapport analytique des opérations faites est adressé par l'officier de police judiciaire militaire à son supérieur.

En matière d'instruction judiciaire, les procès-verbaux ne sont pas dressés en double expédition ; ils sont dispensés des formalités du visa pour timbre et de l'enregistrement en débet.

Lorsqu'un plaignant déclare se porter partie civile, les droits de timbre et d'enregistrement du procès-verbal de plainte doivent être payés comptant.

Néanmoins, si la partie civile refuse ou néglige de les consigner, le procès-verbal peut être visé pour timbre et enregistré en débet, sauf au receveur à poursuivre contre elle le recouvrement des droits. (Décision du ministre des Finances du 17 juillet 1848.)

Complicité des militaires ou assimilés avec des individus non justiciables des conseils de guerre.

Lorsque, dans le courant, de son information, un officier de police judiciaire militaire appartenant à la gendarmerie découvre des complices non justiciables des conseils de guerre, s'il est officier et s'il y a crime flagrant ou réquisition d'un chef de maison (D. 248), il continue l'information en qualité d'officier de police judiciaire auxiliaire du procureur de la République, et il met à la disposition de ce magistrat les inculpés non militaires ;

quant aux militaires ou assimilés, ils sont conduits immédiatement devant l'autorité militaire, à laquelle il est donné avis des motifs de l'arrestation. (M. 87.)

Dans les autres cas, il est procédé conformément aux articles 274 et suivants du décret du 1er mars 1854. (M. 76 à 79, 96.)

Arrestation en cas de flagrant délit des individus justiciables des conseils de guerre.

Dans le cas de flagrant délit, l'officier de police judiciaire militaire peut faire saisir les militaires ou tous individus justiciables des conseils de guerre, inculpés d'un crime ou d'un délit ; il dresse procès-verbal de l'arrestation en y consignant les nom, prénoms, qualité et signalement des individus arrêtés ; si l'inculpé est en fuite, il le fait rechercher activement et décerne contre lui un ordre d'arrestation (mandat d'amener). (M. 87.)

Cet ordre d'arrestation ne peut avoir qu'une valeur toute d'actualité et pour la durée seulement du flagrant délit.

La disposition de l'article 40 du Code d'instruction criminelle à laquelle a été emprunté l'article 87 du Code de justice militaire est ainsi conçue : « le procureur de la République, audit cas de flagrant délit, et lorsque le fait sera de nature à entraîner peine afflictive ou infamante, fera saisir les prévenus présents contre lesquels il existerait des indices graves... »

L'article 87 du Code de 1857 a toutefois modifié la disposition de l'article 40 du Code d'instruction criminelle : 1° en étendant aux simples délits le droit d'arrêter l'inculpé en cas de flagrant délit ; 2° en n'exigeant pas la condition d'indices graves.

En cas de flagrant délit, un officier de police judiciaire ordinaire peut faire saisir les individus justiciables des conseils de guerre inculpés d'un crime ou d'un délit, mais il les fait conduire immédiatement devant le chef militaire qui commande sur les lieux après avoir dressé un procès-verbal d'arrestation et tous les actes nécessaires (M. 87.)

Toutes les pièces de l'information sont transmises en même temps que l'inculpé.

Dans le cas de flagrant délit, tout officier de police judiciaire maritime, militaire ou ordinaire peut faire saisir les marins ou militaires de l'armée de mer ou autres individus justiciables des conseils de guerre de la marine inculpés d'un crime ou d'un délit; il les fait conduire immédiatement devant l'autorité maritime et dresse procès-verbal de l'arrestation comme il est dit plus haut. (C. M. 117.)

Il y a flagrant délit :

Lorsque le crime se commet actuellement ;

Lorsqu'il vient de se commettre ;

Lorsque, le prévenu est poursuivi par la clameur publique ;

Lorsque dans un temps voisin du délit, le prévenu est muni d'instruments, d'armes, d'effets ou de papiers faisant présumer qu'il en est auteur ou complice. (C. 41.)

Direction à donner en temps de paix, après leur arrestation, aux individus justiciables des conseils de guerre.

L'individu justiciable des tribunaux militaires doit être remis, après son arrestation et lorsque l'information est terminée, à son chef de corps, ou conduit devant l'officier le plus élevé en grade présent sur les lieux, qui ordonne la mise en subsistance dans un corps de troupe à défaut de prison militaire; s'il y a impossibilité. l'inculpé est écroué à la maison d'arrêt du chef-lieu d'arrondissement sur un réquisitoire de l'officier de gendarmerie.

Toutes les pièces relatives à l'inculpé sont envoyées sans délai par la voie hiérarchique au général commandant la circonscription (M. 97) ou à l'officier qui a requis l'information en vertu de l'article 85 du Code de justice militaire.

Les pièces sont closes et cachetées.

Les individus soumis à la juridiction maritime sont conduits devant l'autorité militaire lorsqu'il ne se trouve pas d'autorité maritime sur les lieux.

Les déserteurs sont conduits devant l'officier de police judiciaire militaire de la circonscription; celui-ci procède à une information judiciaire et se conforme aux articles 339 et 340 du décret du 1er mars 1854.

Les insoumis doivent être conduits devant le commandant de recrutement le plus rapproché de la résidence, pour être transférés au chef-lieu du corps d'armée. (Circulaire ministérielle du 15 octobre 1879.)

Les insoumis appartenant à l'armée de mer doivent être dirigés immédiatement sur le port chef-lieu de la circonscription de réserve maritime dans laquelle l'arrestation a été opérée. (Note ministérielle du 6 février 1889.)

Un procès-verbal d'arrestation est toujours dressé conformément à l'article 87 du Code de justice militaire; s'il y a plusieurs inculpés arrêtés pour la même infraction et s'ils doivent être remis à diverses autorités, par exemple, un à l'autorité maritime, un à son corps et le troisième déposé à la maison d'arrêt, chacun des inculpés doit être accompagné d'un procès-verbal.

Nous savons qu'un militaire ou assimilé poursuivi en même temps pour deux infractions de la compétence de deux juridictions différentes est jugé par le tribunal auquel appartient la connaissance du fait emportant la peine la plus grave (M. 60.)

Si donc le fait emportant la peine la plus grave est de la compétence des tribunaux ordinaires, le délinquant est conduit devant le procureur de la République.

Il est rendu compte au général commandant la circonscription conformément à l'article 126 du décret du 1er mars 1854.

Il a été jugé que, lorsqu'un militaire est poursuivi à la fois pour délit de désertion et pour crimes ou délits commis postérieurement à la radiation des contrôles, la priorité du jugement appartient à la juridiction ordinaire toutes les fois que la peine qu'elle peut être appelée à appliquer excède celle encourue à raison de la désertion; que la priorité du jugement appartient au contraire à la juridiction militaire, si, le militaire déserteur étant poursuivi pour des crimes et délits commis soit antérieurement, soit postérieurement à sa radiation, la peine la plus grave est encourue à raison des crimes commis pendant le délai de grâce pour lesquels le déserteur est justiciable du conseil de guerre.

Quels que soient les crimes et délits dont est inculpé un déserteur, il doit toujours être conduit, l'information terminée, devant l'autorité militaire qui, seule, peut faire constater l'état de désertion.

Dans le cas qui nous occupe, l'officier de police judiciaire militaire doit informer le procureur de la République du crime ou du délit commis par le déserteur après sa radiation des contrôles, donner à ce magistrat tous les renseignements sur sa situation militaire et aussi toutes facilités pour faire une nouvelle information s'il le juge convenable.

Il arrive fréquemment qu'un individu arrêté pour un crime ou un délit est reconnu déserteur pendant l'information, le magistrat civil, dans ce cas, prévient l'officier de gendarmerie de l'arrondissement ; celui-ci doit faire toutes les démarches nécessaires pour connaître exactement la situation militaire du délinquant et il transmet tous les renseignements obtenus au procureur de la République en le priant de vouloir bien mettre à sa disposition le déserteur dans le cas où il viendrait à être relaxé.

Il est rendu compte au général commandant la circonscription.

Lorsqu'un prisonnier justiciable des conseils de guerre commet un crime ou un délit pendant son transfèrement, le chef de détachement qui est officier de police judiciaire militaire procède à une information ; les pièces de la procédure sont envoyées au général commandant la circonscription dans laquelle est transféré le prisonnier.

Les pièces à conviction suivent le délinquant et il est donné avis à ses chefs des charges qui pèsent sur lui.

Si la nature du crime ou du délit et les informations auxquelles il donne lieu obligent à suspendre la marche du prisonnier, il est remis à la gendarmerie locale. Le chef de détachement requiert l'officier de police judiciaire militaire le plus voisin, conformément à l'art. 85 du Code de justice militaire, et il joint à son réquisitoire tous actes et procès-verbaux déjà dressés. (M. 64.)

Il est rendu compte à l'autorité qui a ordonné le transfèrement.

Direction à donner en campagne aux individus arrêtés et justiciables des conseils de guerre.

Lorsque l'information est terminée, les militaires ou assimilés, les individus qui suivent l'armée en vertu d'une permission, les individus non militaires justiciables des conseils de guerre sont conduits devant le chef d'état-major de la division, dans l'arrondissement de laquelle l'infraction a été commise.

Il est procédé d'une façon analogue en ce qui concerne les individus justiciables des conseils de guerre pour infractions commises dans l'arrondissement d'un détachement, d'un quartier-général de corps d'armée ou du quartier-général de l'armée. (D. 540. M. 65, 66, 67 et 68.)

Nous avons déjà expliqué ce qu'il faut entendre par l'arrondissement d'une armée (page 28).

Toutes les pièces de l'information sont adressées sur-le-champ à l'officier général ou au commandant du détachement à la disposition duquel a été mis l'inculpé.

Les militaires en absence illégale, les déserteurs sont reconduits à leur corps.

Les prisonniers évadés sont reconduits à la prison de laquelle ils se sont évadés.

Toutefois, si les militaires en absence illégale ou déserteurs se sont rendus coupables d'un crime ou d'un délit depuis qu'ils ont quitté leur corps, il est procédé à leur égard après l'information qui doit être faite sur-le-champ comme il a été dit plus haut.

Même observation pour les prisonniers évadés.

La gendarmerie recherche les prévenus de crime ou de délit et les arrête. Ceux qui appartiennent à l'armée sont conduits devant l'officier qui commande la fraction de l'armée à laquelle ils appartiennent (D. 525) ; ceux qui n'appartiennent pas à l'armée et qui sont cependant justiciables des conseils de guerre sont conduits devant l officier qui commande la fraction de l'armée dans l'arrondissement de laquelle ils ont été arrêtés. (M. 68.)

Si un prisonnier militaire ou assimilé, transféré par les agents de la force publique, commet un crime ou un délit, le chef de détachement se conforme à ce qui est dit plus haut. (M. 61.)

Le prisonnier non militaire doit être traduit devant le conseil de guerre dans le ressort duquel l'infraction a été commise (M. 68.) Il est donc remis sur réquisitoire à l'officier de police judiciaire militaire le plus voisin ; celui-ci procède à une instruction et fait conduire l'inculpé devant l'officier qui a le droit de donner l'ordre d'informer. (M. 154.)

Les autres prisonniers continuent leur route ; cependant, s'il est absolument indispensable que l'un d'eux soit entendu comme témoin devant le conseil de guerre, le chef du détachement, après avoir pris les ordres de l'officier qui a le droit de donner l'ordre d'informer, remet ce prisonnier entre les mains des agents de la force publique en même temps que l'inculpé.

Il est rendu compte à l'autorité qui a ordonné le transfèrement.

Le chef de détachement peut laisser, en prenant les mêmes ordres, un agent de la force publique dont le témoignage est aussi indispensable.

Il requiert, s'il le juge utile, un autre agent de la force publique pour remplacer celui qu'il laisse comme témoin ; ce dernier, après le jugement, demande au commissaire-du-gouvernement-rapporteur l'autorisation écrite de rejoindre son corps.

Arrestation hors le cas de flagrant délit.

Hors le cas de flagrant délit, tout militaire ou tout individu justiciable des conseils de guerre, en activité de service, inculpé d'un crime ou d'un délit, ne peut être arrêté qu'en vertu d'un ordre de ses supérieurs, c'est-à-dire par leur intermédiaire. (M. 88.)

Ainsi, lorsqu'un ordre d'arrestation est décerné contre un militaire, les gendarmes qui sont chargés de le mettre à exécution doivent s'adresser tout d'abord à son chef de corps, et celui-ci ne doit pas méconnaître la force due au mandat. (Circulaire ministérielle du 22 juin 1888.)

Lorsque le flagrant délit a cessé et qu'il n'y a pas de mandat, si l'inculpé est présent à son corps, il est donné avis à ses supérieurs, afin qu'ils le mettent en arrestation provisoire, et toutes les pièces de l'information sont adressées par la voie hiérarchique au général commandant la circonscription.

En campagne, ces pièces sont adressées directement à l'officier supérieur ou général qui peut donner l'ordre d'informer contre l'inculpé.

Si l'inculpé est absent de son corps, et même dans une situation régulière, la gendarmerie ne le met pas moins en état d'arrestation en vertu des articles 274, 275 et 518 du décret du 1er mars 1854 ; elle reçoit les déclarations qui lui sont faites volontairement par les témoins et les engage à les signer, sans cependant pouvoir les y contraindre.

L'article 96 du Code de justice militaire est formel à cet égard, il est ainsi conçu :

« Il n'est pas dérogé, par les articles précédents, » aux lois, décrets et règlements relatifs aux de - » voirs imposés à la gendarmerie, et aux mili- » taires dans l'exercice de leurs fonctions ou pen- » dant le service. »

Tout militaire arrêté est conduit à l'instant même devant l'officier de police judiciaire, qui informe sur-le-champ.

Les règles énoncées ci-dessus sont applicables aux marins ou militaires soumis à la juridiction maritime (C. M. 118.) Les actes et procès-verbaux sont adressés sans délai par la voie hiérarchique au général commandant la circonscription, qui les adresse au préfet maritime. (C. M. 127.)

Devoirs des chefs de poste en cas d'arrestation.

Les articles 63 et suivants du décret du 24 octobre 1891 indiquent aux chefs de poste quels sont leurs devoirs en cas d'arrestation.

Les chefs de poste doivent prêter main-forte pour l'arrestation des individus signalés comme délinquants, et des perturbateurs de l'ordre, lorsqu'ils en sont requis par les militaires de la gendarmerie. Dans aucun cas ils ne marchent eux-mêmes et ne dégarnissent leur poste de plus de la moitié de leur force.

Les militaires de la gendarmerie écrivent et signent leur réquisition sur le livre du poste.

Les officiers de police judiciaire militaire ont, dans l'exercice de leurs fonctions, le droit de requérir directement la force publique. (C. 25 ; D. 522.)

Entrée dans un établissement civil ou militaire.

Quand il y a flagrant délit, l'officier de police judiciaire qui instrumente, *à moins qu'il ne s'agisse de s'introduire dans la maison d'un particulier*, poursuit partout la recherche des preuves, celle même de l'inculpé, sans être astreint à des formalités préalables qui apporteraient dans son action des retards pouvant nuire à la découverte de la vérité, et permettre de faire disparaître les preuves du crime ou du délit ou de soustraire le coupable à la justice.

Si le flagrant délit a cessé lorsque l'officier de police judiciaire militaire est appelé à constater, dans un établissement civil, un crime ou un délit de la compétence des tribunaux militaires, ou à y faire arrêter un justiciable des conseils de guerre, il adresse à l'autorité civile ou judiciaire compétente ses réquisitions tendant à obtenir soit l'entrée de cet établissement, soit à assurer l'arrestation de l'inculpé.

S'il s'agit d'établissement militaire, il y a lieu de s'adresser au commandant dudit établissement. (Circulaire ministérielle du 22 juin 1888).

Les autorités auxquelles la réquisition est faite sont tenues d'y déférer. (M. 89 et 90.)

En cas de refus, il est dressé un procès-verbal, qui est adressé au général commandant la circonscription par la voie hiérarchique, et, s'il y a urgence, il en est référé au fonctionnaire ou officier immédiatement supérieur à celui qui n'a pas obtempéré à la réquisition.

L'officier de police judiciaire militaire, introduit dans l'établissement, doit s'y faire accompagner dans ses recherches par le chef de l'établissement ou par un de ses agents, sans cependant que le refus de ces personnes d'accompagner le magistrat instructeur puisse l'arrêter dans l'accomplissement de sa mission. (C. 42.)

Il est bon de suivre la même règle lorsque l'introduction dans un établissement a lieu de droit, comme en cas de flagrant délit.

Il faut joindre au procès-verbal l'autorisation de pénétrer dans l'établissement. Le chef de l'établissement doit signer les procès-verbaux faits en sa présence; en cas de refus ou d'impossibilité, il en est fait mention. (M. 92.)

Entrée dans une maison particulière.

Les officiers de police judiciaire militaire ne peuvent s'introduire dans une maison particulière, même si un inculpé y est logé par billet de logement, si ce n'est avec l'assistance soit du juge de paix, soit de son suppléant, soit du maire, soit de son adjoint, soit du commissaire de police (M. 91), et en se conformant aux prescriptions de l'article 291 du décret du 1er mars 1854; cet article est ainsi conçu :

« La maison de chaque citoyen est un asile où
» la gendarmerie ne peut pénétrer, sans se rendre coupable d'abus de pouvoir, sauf les cas
» déterminés ci-après :
» 1° Pendant le jour, elle peut y entrer pour
» un motif formellement exprimé par une loi, ou

» en vertu d'un mandat spécial de perquisition
» décerné par l'autorité compétente ;

» 2º Pendant la nuit, elle peut y pénétrer dans
» le cas d'incendie, d'inondation, de réclamations
» venant de l'intérieur de la maison.

» Dans tous les autres cas, elle doit prendre
» seulement jusqu'à ce que le jour ait paru, les
» mesures indiquées aux articles suivants :

» Le temps de nuit est ansi réglé :

» Du 1er octobre au 31 mars, depuis six heures
» du soir jusqu'à six heures du matin.

» Du 1er avril au 30 septembre, depuis neuf
» heures du soir jusqu'à quatre heures du
» matin. »

Cependant, si une visite a été commencée le
jour, elle peut être continuée sans égard à l'heure
avancée, car ce n'est que l'introduction pendant
la nuit qui est prohibée.

Dans les auberges, cabarets, cafés et autres
maisons ouvertes au public, il est permis d'entrer
pour y procéder à des recherches judiciaires
jusqu'à l'heure où ils doivent être fermés d'après
les règlements publics. (Loi du 29 germinal an VI,
article 129.)

Lorsqu'un individu prévenu de crime ou de
délit s'est réfugié dans une maison particulière,
l'officier de police judiciaire militaire peut faire
garder cette maison à vue, en attendant l'arrivée
des magistrats civils.

Les gendarmes porteurs d'un mandat d'arrestation contre un individu réfugié dans une maison
particulière doivent se faire assister d'un magistrat civil, à qui ils exhibent l'ordre d'arrestation.
(D. 293.)

Telles sont les règles qui doivent être suivies en

France, en pays allié et même en pays ennemi ;
mais il peut arriver que les fonctionnaires civils
se soient éloignés ; aussi, aux armées, dans les
circonscriptions territoriales en état de guerre,
dans les communes en état de siège, dans les
places de guerre assiégées ou investies, le Code
de justice militaire autorise les officiers de police
judiciaire militaire qui instrumentent à s'introduire dans un établissement civil ou dans une
maison particulière sans être assistés d'aucune
autorité civile, s'il ne s'en trouve pas dans la
commune. Mention doit en être faite au procès-
verbal. (M. 153.)

Comme conséquence de l'article 153 du Code
de justice militaire, et dans les circonstances prévues par cet article, il faut admettre que les gendarmes, porteurs d'un ordre d'arrestation contre
un individu réfugié dans une maison particulière,
peuvent mettre ce mandat à exécution sans l'assistance d'un magistrat civil, s'il ne s'en trouve
pas dans la commune.

Sur un territoire en état de siège, l'autorité
militaire a le droit de faire des perquisitions de
jour et de nuit dans le domicile des citoyens.
(Loi du 9 août 1849, article 9.)

En campagne, pour faciliter l'exécution de
leur service, les sous-officiers, brigadiers et gendarmes sont autorisés à pénétrer à toute heure
de jour et de nuit dans l'intérieur des camps.
(D. 521. Instruction du 18 avril 1890, article 27.)

Toutefois, lorsqu'un militaire de la gendarmerie,
instrumentant comme officier de police judiciaire
militaire, doit procéder à une perquisition ou à
toute autre opération, il doit en prévenir le chef
de corps ou l'officier le plus élevé en grade

qui se trouve sur les lieux et se faire accompagner par un ou deux témoins désignés par cet officier.

Dans toutes circonstances, chaque feuillet du procès-verbal dressé par un officier de police judiciaire militaire est signé par lui et par les personnes qui ont assisté aux opérations ; en cas de refus ou d'impossibilité de signer de la part de celles-ci, mention en est faite au procès-verbal. Un interprète doit signer. (M. 92.)

En cas de conflit, l'autorité qui reçoit une réquisition doit s'assurer de la personne de l'inculpé ; c'est donc aux membres de la gendarmerie à rédiger leurs réquisitions, et les procès-verbaux qui y font suite de manière à se mettre à l'abri de tout reproche, en faisant tomber la responsabilité sur qui de droit.

Compétence des officiers de police judiciaire militaire.

Les officiers de police judiciaire militaire, appartenant à la gendarmerie, ne peuvent informer que dans leur circonscription (D. 238), et en campagne dans l'arrondissement de la division dont ils font partie.

L'officier de gendarmerie qui commande la prévôté d'un corps d'armée peut informer dans l'arrondissement de ce corps d'armée.

Les autres militaires de la gendarmerie officiers de police judiciaire militaire qui sont employés au quartier-général d'un corps d'armée ne peuvent informer que dans l'arrondissement du quartier-général de ce corps d'armée. (D. 513.)

Il peut arriver qu'un officier ou sous-officier de gendarmerie, voire même un gendarme, traversant une autre division que la sienne, ait connaissance d'un crime ou d'un délit, ou même en soit témoin ; son devoir, en cette circonstance, est de faire prévenir sur-le-champ l'officier ou le sous-officier de gendarmerie le plus à proximité, mais, en attendant l'arrivée de ce dernier, il s'assure de la personne du coupable et recueille tous les renseignements susceptibles de procurer la découverte de la vérité. Il dresse procès-verbal et est entendu comme témoin par l'officier de police judiciaire.

En France, les mêmes règles seront observées ; mais, à défaut d'officier de police judiciaire militaire, il y a lieu de s'adresser à l'officier de police judiciaire ordinaire. (M. 93.)

COMMISSION ROGATOIRE

On appelle commission rogatoire l'acte de délégation par lequel un magistrat instructeur charge un officier de police judiciaire de procéder à certains actes d'instruction qu'il ne peut faire lui-même pour cause d'éloignement ou à raison des limites de sa juridiction.

Les officiers rapporteurs près des conseils de guerre des armées de terre et de mer peuvent décerner des commissions rogatoires aux officiers, sous-officiers, et aux commandants de brigade de gendarmerie, à l'effet d'entendre des témoins, de recueillir des renseignements et d'accomplir tous les actes inhérents à leur qualité d'officier de police judiciaire militaire, conformément aux dispositions de l'article 84 du Code de justice militaire. (D. 133 ; M. 102 ; C. M. 132.)

Les règles pour l'exécution d'une commission rogatoire sont les mêmes que celles suivies par l'officier de police judiciaire militaire lorsque, dans toute autre circonstance, il procède à une information.

S'il a recours à l'assistance d'un greffier, l'officier de police judiciaire militaire lui fait prêter serment ; mention est faite de cette formalité au procès-verbal d'information ; il fait citer les témoins régulièrement et sans frais par la gendarmerie ou par tous autres agents de la force publique ; il doit y avoir, autant que possible, un délai de vingt-quatre heures entre le moment de la notification et la comparution du témoin. L'instruction doit être faite par l'officier de police judiciaire militaire ; les procès-verbaux sont écrits sous sa dictée par le greffier.

S'il entend des témoins qui ont droit à être taxés, après avoir reçu leur déposition, il les invite à déclarer s'ils requièrent la taxe (C. 82) : s'ils répondent négativement, il ne leur est rien alloué.

L'officier de police judiciaire militaire qui, chargé de l'exécution d'une commission rogatoire, a taxé les témoins ou fait d'autres frais, joint à son procès-verbal d'information un état des frais.

Si un témoin est détenu dans une prison, l'officier de police judiciaire militaire l'en fait extraire pour comparaître devant lui en envoyant un réquisitoire au gardien-chef ; ce témoin doit être cité régulièrement.

Si le témoin est en traitement dans un hôpital civil ou militaire, l'officier de police judiciaire s'y transporte, accompagné du greffier, à l'effet de recevoir sa déclaration, et, pour s'introduire dans cet établissement, il se conforme à ce qui a été dit précédemment.

Lorsqu'il est constaté, par un certificat d'un officier de santé, que l'un des témoins est dans l'impossibilité de comparaître sur la citation qui lui a été donnée, l'officier de police judiciaire militaire, accompagné du greffier, se transporte à sa demeure pour recevoir sa déposition.

Si l'un des témoins n'est plus dans l'arrondissement de la fraction de l'armée à laquelle appartient le magistrat saisi par une commission rogatoire, celui-ci en informe sur-le-champ le commissaire - du - gouvernement - rapporteur ; les mêmes règles sont observées en temps de paix.

Si la commission rogatoire indique qu'il doit être fait un constat des lieux, l'officier de police judiciaire, assisté du greffier, se transporte au lieu indiqué ; il doit avoir soin de se conformer scrupuleusement à tout ce qui a été dit pour l'entrée dans une maison particulière ou dans un établissement civil ou militaire.

L'officier de police judiciaire militaire requiert, s'il y a lieu, un médecin, un interprète, un traducteur ou un expert.

Si l'un des témoins refuse de comparaître ou de déposer, l'officier de police judiciaire militaire dresse un procès-verbal qu'il envoie sans délai à l'officier-rapporteur, en même temps que l'original de la citation.

Si l'officier de police judiciaire militaire pense qu'il y a lieu d'entendre d'autres témoins que ceux portés sur la commission rogatoire, il les fait citer régulièrement.

Le signalement de l'inculpé doit être porté à la fin du procès-verbal d'information.

Conformément à l'article 92 du décret du 1er mars 1854, le commissaire-rapporteur près du Conseil de guerre d'une division adressera toujours les commissions rogatoires à l'officier de gendarmerie commandant la force publique de sa division ; celui-ci, s'il est empêché, pourra charger un sous-officier de gendarmerie de son détachement de faire l'information ou seulement une partie des actes de sa compétence.

La délégation se fait toujours par écrit, elle porte les articles de la loi qui l'ordonnent ou l'autorisent.

Les témoins à entendre sont désignés le plus clairement possible, et l'on doit ajouter, à la suite de la liste de ceux dont l'audition est requise, que le magistrat délégué est invité à entendre tous autres témoins dont la déposition lui paraîtrait utile à la manifestation de la vérité.

Le chef d'escadron prévôt peut déléguer les officiers et sous-officiers de gendarmerie sous ses ordres.

En temps de paix, afin d'épargner les frais de citation, les commissions rogatoires doivent toujours être adressées de préférence aux officiers, sous-officiers et commandants de brigade de gendarmerie les plus proches du lieu de résidence des témoins (lettre ministérielle du 7 mai 1863.)

Il est bon que les officiers de gendarmerie commandants d'arrondissement mettent eux-mêmes à exécution les commissions rogatoires qui leur sont adressées, notamment lorsqu'il s'agit de recevoir la déposition d'un officier.

Des plaintes se sont produites lorsque des commandants de brigade de gendarmerie ont été délégués pour entendre des officiers ; néanmoins, il faut reconnaître que le commandant d'une brigade de gendarmerie qui reçoit une délégation de commission rogatoire n'instrumente point en raison de son grade, mais bien comme officier de police judiciaire militaire.

L'information terminée, le greffier rassemble les pièces du dossier, y compris la commission rogatoire et tout autre document qui aurait été envoyé par l'officier-rapporteur et dresse du tout un inventaire qu'il signe.

Le dossier est ensuite adressé à cet officier par

les soins du magistrat qui a reçu la commission rogatoire ; toutes les pièces doivent être cachetées.

En campagne, les pièces à conviction sont portées au greffe du conseil de guerre ; ces pièces doivent être mentionnées sur l'inventaire, ainsi que les originaux de notification de cédule et l'état des frais.

En temps de paix, les pièces à conviction doivent suivre l'inculpé lors de son transfèrement ; si leur volume ne permet pas de les faire transporter par les gendarmes ou s'il n'y a pas de transfèrement, l'officier de police judiciaire les garde par devers lui jusqu'au moment ou elles lui sont régulièrement réclamées ; il les transmet alors à qui de droit par la voie qui lui est indiquée.

L'officier de police judiciaire militaire doit indiquer dans ses procès-verbaux les dispositions qu'il a prises à cet égard.

FRAIS.

Les officiers de tous grades, les fonctionnaires et employés militaires, les sous-officiers et soldats en activité appelés en témoignage ne peuvent prétendre en raison de leur déplacement à aucune indemnité spéciale sur les fonds de la justice militaire ; ils continuent à recevoir le traitement d'activité attaché à leur position respective, et, en cas de déplacement, l'indemnité de route, de transport et de séjour à laquelle cette position leur donne droit. (Décrets du 12 juin 1867 et du 29 mai 1890.)

Les dispositions qui précèdent sont applicables aux employés de l'armée ou attachés à la suite qui reçoivent de l'Etat un traitement d'activité.

Les officiers de tout grades, les fonctionnaires et employés militaires en disponibilité et en non-activité, cités comme témoins, jouissant d'un traitement, n'ont droit à aucune allocation spéciale sur les fonds de la justice militaire ; mais, en cas de déplacement, ils reçoivent l'indemnité de route, de transport et de séjour à laquelle cette position leur donne droit.

Les personnes non militaires et les employés de l'armée ou attachés à la suite auquel l'Etat ne paie directement aucun traitement d'activité reçoivent, quand ils sont appelés en témoignage, une indemnité qui est fixée par le rapporteur ou par le président du conseil de guerre et qui ne peut être moindre de un franc ni au-dessus de 2 fr. 50 c. par jour, soit de séjour, soit de voyage.

Les hommes de troupe, cités en témoignage
devant un tribunal séant hors du lieu de leur résidence, doivent toujours être mis en subsistance
dans un corps, ou, à défaut, recevoir les alloca-
tions prévues par le règlement sur le service des
frais de route; mais les taxations imputables
sur les fonds de la justice militaire ne doivent
jamais leur être payés. (Décret du 29 mai
1890.)

Les officiers de réserve ou de l'armée territoriale, appelés en témoignage devant un tribunal
militaire, ont droit à la solde de présence pour
les journées effectives passées au lieu de convocation; ils ont également droit à l'indemnité de
route, de transport et de séjour. (Décrets du 12
juin 1867 et du 29 mai 1890.)

Les hommes de troupe de la réserve et de l'armée territoriale, rentrés dans leurs foyers, sont
traités comme des témoins civils et taxés sur
les fonds de la justice militaire lorsqu'il sont
appelés en témoignage, même pour des faits
survenus pendant l'accomplissement de leurs
obligations militaires. (Note ministérielle du 22
février 1893.)

Les interprètes sont taxés à raison de 6 fr.
par séance entière de jour, et 9 fr. par séance
entière de nuit, non compris le paiement de la
traduction par écrit, qu'ils peuvent être appelés
à faire des pièces à conviction rédigées en langue
étrangère; le prix de ce travail est évalué par
le rapporteur séparément et selon sa nature.

Les interprètes appartenant au corps des interprètes militaires ne reçoivent aucune taxe ni
pour les vacations ni pour les traductions.

Les experts écrivains sont taxés en raison de

6 francs par vacation ; pareille somme de 6 francs
est allouée également par vacation aux officiers
de santé et médecins civils dont le ministère est
requis en justice. (Décret du 13 novembre 1857,
articles 12, 13, 14, 15, 16 et 17.)

Les militaires de la gendarmerie, toutes les
fois qu'ils agissent en vertu de commissions rogatoires, doivent, lorsqu'ils en sont requis par les
parties intéressées, délivrer immédiatement les
mandats de paiement sur le payeur particulier
de la division ou sur le payeur principal du quartier-général dont ils font partie, en temps de paix
sur le receveur de l'enregistrement et des domaines à titre d'avance au département de la guerre,
soit pour la taxe des témoins, soit par vacation
d'expert en se conformant toutefois aux prescriptions du décret du 13 novembre 1857 et de
l'instruction ministérielle du 24 janvier 1858.

Mention de ces taxes doit être faite lors du
renvoi des commissions rogatoires, afin que ces
frais puissent figurer dans l'exécution des jugements de condamnation. (Lettre ministérielle du
7 mai 1863).

Chaque témoin, expert, écrivain, interprète
ou médecin civil *sera taxé au dos de sa cédule
de citation.*

Le mandat délivré au témoin indiquera son
état ou sa profession et son domicile.

Les témoins seront taxés en raison de leurs
journées de voyage et de séjour, et ce nombre
sera exactement exprimé dans le mandat.

La journée de marche des témoins durant le
voyage qu'ils sont obligés d'entreprendre tant
pour venir déposer que pour rentrer à leur domi·

cile, sera décomptée à raison de vingt-quatre kilomètres.

Toute fraction égale ou supérieure à 13 kilomètres compte pour une journée.

L'officier ordonnateur, avant de délivrer le mandat de paiement de taxe d'un temoin, aura soin de l'inviter à déclarer s'il requiert la taxe ; il sera fait mention de cette déclaration dans le mandat. (Instruction ministérielle du 24 janvier 1858, art. 17 et suivants.)

Le greffier indiquera sur le mandat si le témoin sait ou ne sait pas signer ; s'il est illettré, le rapporteur apposera sa signature au-dessous de la mention : pour acquit. Dans l'un et l'autre cas, le greffier apposera la sienne au-dessous du montant de la taxe qu'il inscrira en toutes lettres.

Lorsqu'un officier de police judiciaire est obligé de se déplacer pour accomplir un acte quelconque de son ministère, et que ce déplacement lui occasionne des frais, il doit, pour en obtenir le remboursement, établir un mémoire.

Ce mémoire de frais, établi par l'officier de police judiciaire, est joint aux pièces adressées au général et le rapporteur saisi de l'affaire est tenu de le rendre exécutoire conformément à l'article 142 du décret du 18 juin 1811.

Le décret du 21 juin 1858, sur les dépenses de la justice maritime, alloue aux témoins, interprètes experts-écrivains et officiers de santé les mêmes indemnités que celles fixées par le décret du 13 novembre 1857 pour l'armée de terre.

CITATIONS.

La gendarmerie est chargée de faire, sans frais, toutes assignations, citations et notifications en vertu des articles 102 et 183 du Code de justice militaire et 235 du Code maritime. (D. 133.)

« Il est expressément recommandé aux gen-
» darmes ou autres agents de la force publique
» de signifier les exploits à la personne même du
» témoin, ou au moins à quelqu'un de sa famille
» ou de sa domesticité, et non pas simplement au
» concierge d'une maison où il peut y avoir plu-
» sieurs locataires, surtout s'il s'agit d'un témoin
» non militaire.

» Les gendarmes ou autres agents de la force
» publique employés à la notification des assigna-
» tions, citations, etc., doivent apporter le plus
» grand soin à l'accomplissement de cette mission.

» Ils doivent particulièrement ne pas omettre
» le jour, les heures, les lieux où se font les
» actes ; les nom, prénoms, profession et domi-
» cile des individus que ces actes concernent, ou
» qui ont pour objet d'indiquer les personnes entre
» les mains desquelles ces actes sont signifiés ou
» encore la transcription intégrale, fidèle, des
» actes que ces agents ont pour objet de signifier.
» *Tout grattage* leur est absolument interdit. Ils
» doivent éviter toute surcharge, tout mot placé
» en interligne, raturer nettement ceux qui doi-
» vent l'être, sauf à reporter en marge les mots
» qui ont été raturés, en ayant soin d'approuver

» les ratures et les renvois, avec cette distinction
» que, pour les ratures, il suffit d'une approbation
» placée à la fin de l'acte et faisant connaître en
» toutes lettres le nombre de mots ou de lettres
» raturés, alors que chaque renvoi doit être ap-
» prouvé par une signature de l'instrumentaire
» placée sous chacun d'eux, précédée de la men-
» tion : *approuvé le présent renvoi*. Si l'acte doit
» être signé par d'autres personnes, celles-ci doi-
» vent également signer les renvois. » (Foucher.)

Les agents de la force publique, autres que les gendarmes, qui peuvent être employés à signifier les exploits sont les huissiers, les gardes champêtres, les sous-officiers et même les soldats.

Toutes les assignations, citations et notifications aux témoins, inculpés ou accusés, doivent être faites sans frais, quand même on aurait employé pour les faire un agent de la force publique autre que les gendarmes ou des militaires de l'armée.

L'article 183 du Code de justice militaire reçoit son application même lorsque les témoins sont entendus, en vertu de commissions rogatoires, adressées à un juge d'instruction ou à un juge de paix.

L'article 68 du Code de procédure civile est ainsi conçu :

« Tous exploits seront faits à personne ou do-
» micile; mais, si l'huissier ne trouve au domicile
» ni la partie ni aucun de ses parents ou servi-
» teurs, il remettra de suite la copie à un voisin,
» qui signera l'original; si ce voisin ne peut ou
» ne veut signer, l'huissier remettra la copie au
» maire ou adjoint de la commune, lequel visera

» l'original sans frais. L'huissier fera mention
» du tout, tant sur l'original que sur la copie. »

Citation d'un témoin non militaire.

Le vœu de la loi, c'est que l'agent de la force
publique remette directement la cédule d'assignation au témoin lui-même ; la remise directe peut
être effectuée en quelque lieu que ce soit, à son
domicile, parlant à sa personne ou à ses parents
ou à ses serviteurs, ou même partout ailleurs
qu'au domicile, mais parlant à sa personne ; il
n'est pas nécessaire que le parent habite habituellement au domicile du témoin ; les concier-
ges sont considérés comme les serviteurs de
toutes les personnes qui habitent la maison.

Le témoin cité, ses parents, ses serviteurs n'ont
pas à signer l'original de la signification.

Si l'agent de la force publique ne peut trouver
le témoin, si ses parents ou serviteurs refusent
de recevoir la cédule, il doit en remettre la copie
à un voisin, qui signera l'original de la signification ; à défaut de voisin, au maire ou à l'adjoint ;
si ces magistrats refusent, l'agent de la force
publique s'adressera au procureur de la République. (Code de procédure civile, art. 1039.)

Pour que la remise de la cédule à un voisin
soit valable, il faut que la signification contienne
la mention qu'il n'a été trouvé au domicile du
témoin ni parent ni serviteur pour recevoir la
cédule ; il faut aussi que le voisin auquel elle
est remise appose sa signature sur l'original de
signification, qui reste entre les mains de l'agent.

Mêmes observations pour la remise au maire
ou au procureur de la République.

Si le domicile du témoin cité est inconnu, il est cité à sa résidence ; si cette résidence est aussi inconnue, il est rédigé deux copies de la cédule et de la signification ; l'une est affichée à la principale porte de l'auditoire du tribunal; l'autre est remise au procureur de la République, lequel vise l'original de signification.

A l'étranger, si la justice du pays occupé ne fonctionne plus et s'il s'agit d'un témoin qui n'a pas pu être trouvé, deux copies sont également faites; l'une est affichée à la porte de la salle où siège le conseil de guerre et l'autre remise au commissaire-rapporteur, qui signe l'original.

Citation d'un témoin militaire.

La cédule doit être notifiée au témoin lui-même, s'il est logé dans une caserne, puis remise à l'adjudant de semaine, pour qu'il en rende compte à son colonel. (Lettre ministérielle du 27 novembre 1860.)

Si le témoin n'est par trouvé, l'agent remet la copie de la cédule à l'adjudant, qui vise l'original et rend compte à ses chefs. Il est fait mention de cette circonstance dans la signification.

En cas de cantonnement, l'agent s'adressera à l'un des sous-officiers de la compagnie du témoin cité, de préférence au plus élevé en grade parmi ceux qui se trouvent sur les lieux.

Si le témoin est en fuite, l'agent se présente devant l'officier comptable du corps, qui visera l'original de l'acte de signification ; il sera fait mention, dans cet exploit, de la réponse de l'officier.

Un officier doit être cité à son domicile ; s'il

est absent ou en fuite, l'agent de la force publique s'adresse au chef de corps ou de détachement.

Lorsqu'un militaire en fuite doit être cité à son
dernier domicile, on doit se conformer à ce qui
est dit pour la citation d'un témoin non militaire.

Les agents de la force publique qui ont à notifier une citation donnée à la requête d'un
magistrat civil et concernant un homme présent
sous les drapeaux doivent s'adresser tout d'abord
à son chef de corps. Celui-ci facilite à ces agents
l'accomplissement de leur mission et assure la
mise en route du militaire visé dans la citation.
(Circulaire ministérielle du 22 juin 1888.)

CÉDULES

Il y a deux sortes de cédules : la première, pour témoins civils, est toujours individuelle à cause de la taxe ; la deuxième, pour militaires, peut être collective, ces derniers n'ayant droit à aucune indemnité ; cependant, elle devra être individuelle si les témoins n'appartiennent pas au même corps ou s'ils ne sont pas dans le même casernement.

Pour les officiers, il y a toujours lieu d'établir une cédule individuelle.

La formule est la même dans tous les cas ; seulement la cédule du témoin civil doit porter au dos le mandat de paiement en vertu duquel le payeur du corps d'armée ou de la division ou le receveur de l'enregistrement lui paie l'indemnité qui lui est allouée

1ᵉʳ CORPS D'ARMÉE   1ʳᵉ DIVISION D'INFANTERIE

FORCE PUBLIQUE CANTONNEMENT DE BADEN

CÉDULE

Articles 102, 103 et 183 du Code de justice militaire.

La présente devra être rapportée en venant déposer.

Nous, BEL, Jean-Baptiste, maréchal des logis de gendarmerie attaché à la force publique de la 1ʳᵉ division d'infanterie du 1ᵉʳ corps d'armée, officier de police judiciaire militaire aux termes de l'article 84 du Code de justice militaire, informant contre le nommé Petit, Alfred, soldat au 28ᵉ de ligne, pour l'exécution d'une commission rogatoire à nous adressée par le commissaire-rapporteur près le conseil de guerre de la division, requérons le sieur Gauthier, Louis, sergent audit régiment, de comparaître devant nous à Baden, rue de Lubeck, n° 5, le dix-huit août mil huit cent quatre-vingt-deux, à onze heures du matin, pour y déposer en personne sur les faits relatifs au dénommé ci-dessus.

Le témoin requis est prévenu que, faute par lui de se conformer à la présente assignation, il y sera contraint par les voies de droit, conformément à l'article 103 du Code de justice militaire.

Baden, le 17 août 1882

BEL.

Signification   L'an mil huit cent quatre-vingt-deux, le dix-sept août, à neuf heures de matin, à la requête du maréchal des logis de gendarmerie Bel, attaché à la force publique de la 1re division d'infanterie du 1er corps d'armée, officier de police judiciaire militaire ;

Nous, Dominé, Jacques, gendarme à pied attaché à la dite force publique, soussigné, avons signifié la cédule ci-dessus au sieur Gauthier, Louis, sergent au 28o de ligne, parlant à sa personne, ainsi déclaré, et avons ensuite remis la présente cédule à l'adjudant de semaine pour qu'il en rende compte à son colonel.

Dont acte à Baden, les jour, mois et an que dessus.

DOMINÉ.

Nota. — Lorsqu'il y a lieu, on ajoute à la cédule : le témoin, en venant déposer, devra apporter..... *(indiquer les objets).*

1ᵉʳ CORPS D'ARMÉE   1ʳᵉ DIVISION D'INFANTERIE

FORCE PUBLIQUE CANTONNEMENT DE BADEN

CÉDULE

Articles 102, 103 et 183 du Code de justice militaire.

La présente devra être rapportée en venant déposser.

Nous, BEL, Jean-Baptiste, maréchal des logis de gendarmerie attaché à la force publique de la 1ʳᵒ division du 1ᵉʳ corps d'armée, officier de police judiciaire militaire, informant contre le nommé Petit, Alfred, soldat au 28ᵒ de ligne, pour l'exécution d'une commission rogatoire à nous adressée par le commissaire-rapporteur près le conseil de guerre de la division, requérons le sieur Kummer, Henri, négociant à Baden, de comparaître devant nous, rue de Lubeck, nᵒ 5, le dix-huit août mil huit cent quatre-vingt-deux, à onze heures du matin, pour y déposer en personne sur les faits relatifs au dénommé ci-dessus.

Le témoin requis est prévenu que, faute par lui de se conformer à la présente assignation, il sera contraint par les voies de droit conformément à l'article 103 du Code de justice militaire.

Donné à Baden, le 17 août 1882.

BEL.

Signification. L'an mil huit cent quatre-vingt-deux, le dix-sept août, à neuf heures et demie du matin, à la requête du maréchal des logis de gendarmerie Bel, attaché à la force publique de la 1re division du 1er corps d'armée, officier de police militaire.

Nous, Dominé, Jacques, gendarme à pied, attaché à ladite force publique, soussigné, avons signifié la cédule ci-dessus au sieur Kummer, Henri, négociant, en son domicile à Baden, parlant à la nommée Singer, Emilia, sa domestique (*ou à sa personne*), ainsi déclaré, et à ce qu'il n'en ignore, nous lui avons laissé la présente.

Dont acte à Baden, les jour, mois et an que dessus.

DOMINÉ.

Mandat de paiement de la taxe d'un témoin à porter au dos de la cédule qui précède. (Circulaire ministérielle du 7 mai 1863.)

Monsieur le payeur-particulier de la 1re division d'infanterie du 1er corps d'armée est invité, au besoin requis, de payer sur la présentation de ce mandat, au sieur Kummer, Henri, négociant à Baden, la somme de un franc qui lui a été allouée sur sa demande pour sa comparution en qualité de témoin dans l'affaire du nommé Petit, Alfred, soldat au 28e de ligne, inculpé de coups et blessures.

Fait à Baden, le 18 août 1882.

Le maréchal des logis de gendarmerie, ordonnateur secondaire.

BEL.

Bon pour 1 franc.

Le témoin Kummer sait signer.
Pour acquit,
KUMMER.
Taxe de un franc.
Le greffier,
LALOÉ.

Nota. — Dans l'exemple qui précède, le témoin est taxé à un franc par jour.

1ᵉʳ CORPS D'ARMÉE   1ʳᵉ DIVISION D'INFANTERIE

FORCE PUBLIQUE   CANTONNEMENT DE BADEN

ORIGINAL

De signification de cédules.

Articles 202, 103 et 183 du Code de justice militaire.

Affaire du nommé Petit, soldat au 28ᵉ de ligne.

L'an mil huit cent quatre-vingt-deux, le dix-sept août, à neuf heures et neuf heures et demie du matin, à la requête du maréchal des logis de gendarmerie Bel, attaché à la force publique de la 1ʳᵉ division d'infanterie du 1ᵉʳ corps d'armée, agissant en vertu d'une commission rogatoire de Monsieur le commissaire-rapporteur près le conseil de guerre de la dite division, nous, Dominé, Jacques, gendarme à pied, soussigné, avons signifié au sieur Gauthier, Louis, sergent au 28ᵒ de ligne, parlant à sa personne, ainsi déclaré, et au sieur Kummer, Henri, négociant, en son domicile à Baden, parlant à la demoiselle Emilia Singer, sa domestique, ainsi déclaré, les cédules d'assignation en date de ce jour décernées par le maréchal des logis Bel, à l'effet de comparaître devant lui le dix-huit août mil huit cent quatre vingt-deux, à onze heures du matin, et à ce que les sus-nommés n'en ignorent, nous leur avons laissé lesdites cédules.

Dont acte à Baden, les jour, mois et an que dessus.

DOMINÉ.

Par cet original peuvent être constatées les significations faites le même jour par le même agent de la force publique à plusieurs témoins appelés dans une même affaire, qu'ils soient militaires ou non.

Les cédules sont laissées entre les mains des témoins assignés avec la copie de l'acte de signification ; quant à l'original, il est adressé à l'officier-rapporteur en même temps que la commission rogatoire et le procès-verbal d'information.

Il doit y avoir, autant que possible, un intervalle de vingt-quatre heures entre la citation et la comparution devant l'officier de police judiciaire militaire (page 68).

Lorsque des témoins ont requis une indemnité, on joint à la signification un état de frais.

Les officiers de police judiciaire militaire ne doivent pas perdre de vue qu'ils sont pécuniairement responsables de la taxe des témoins et que toutes les sommes allouées en trop peuvent leur être imputées par la Cour des comptes.

Quant à la signification d'une cédule pour comparaître à l'audience, elle est formulée comme ci-dessus.

Les présidents des conseils de guerre peuvent ordonnancer des mandats provisoires de paiement à délivrer aux témoins indigents. (Décret du 18 juin 1811, articles 135 et suivants.)

Le maire de la commune donne un certificat d'indigence.

1ᵉʳ CORPS DARMÉE   1ʳᵉ DIVISION D'INFANTERIE

FORCE PUBLIQUE   CANTONNEMENT DE BADEN

CÉDULE

Articles 102, 103 et 183 du Code de justice militaire.

La présente devra être rapportée en venant déposer.

Nous, BEL, Jean-Baptiste, maréchal des logis de gendarmerie attaché à la force publique de la 1ʳᵉ division du 1ᵉʳ corps d'armée, officier de police judiciaire militaire, informant contre le nommé Petit, Alfred, soldat au 28ᵉ de ligne, pour l'exécution d'une commission rogatoire à nous adressée par le commissaire-rapporteur près le conseil de guerre de la division, requérons le sieur Fischer, Charles, négociant à Neumarch, de comparaître devant nous à Baden, rue de Lubeck, nᵒ 5, le dix-huit août mil huit cent quatre-vingt-deux, à onze heures du matin, pour y déposer en personne sur les faits relatifs au dénommé ci-dessus.

Le témoin requis est prévenu que, faute par lui de se conformer à la présente assignation, il y sera contraint par les voies de droit, conformément à l'article 103 du Code de justice militaire.

Donné à Baden, le 16 août 1882.

BEL.

Signification L'an mil huit cent quatre-vingt-deux, le dix-sept août, à 9 heures et demie du matin, à la requête du maréchal des logis de gendarmerie Bel, attaché à la force publique de la 1re division d'infanterie du 1er corps d'armée, officier de police judiciaire militaire ;

Nous, Durand, Jean-Baptiste, gendarme à pied, attaché à ladite force publique, soussigné, avons signifié la cédule ci-dessus au sieur Fischer, Charles, négociant, en son domicile, à Neumarch, parlant à la nommée Hertrich, Julia, sa domestique (*ou à sa personne*), ainsi déclaré, et à ce qu'il n'en ignore nous lui avons laissé la présente.

Dont acté à Neumarch, les jour, mois et an que dessus.

DURAND.

Pour l'original de la signification comme ci-dessus.

Mandat de paiement de la taxe d'un témoin, à porter au verso de la cédule qui précède. (Circulaire ministérielle du 7 mai 1863.)

Monsieur le payeur-particulier de la 1re division du 1er corps d'armée est invité, au besoin requis, de payer sur la présentation de ce mandat, au sieur Fischer, négociant à Neumarch, la somme de quatre francs cinquante centimes qui lui a été allouée, sur sa demande, pour sa comparution en qualité de témoin dans l'affaire du nommé Petit, Alfred, soldat au 28e de ligne, inculpé de coups et blessures.

(Une journée de séjour à Baden, deux journées de route de Baden à Neumarch, aller et retour cinquante kilomètres.)

Fait à Baden, le 18 août 1882.

Le maréchal-des-logis de gendarmerie,
ordonnateur secondaire.

BEL.

Bon pour 4 fr. 50 cent.

Le témoin Fischer sait signer.
Pour acquit :
Fischer.
Taxe de quatre francs cinquante centimes.
Le greffier,
Laloé.

Nota. — Dans l'exemple qui précède, le témoin est taxé à un franc cinquante centimes par jour.

En temps de paix, c'est le receveur de l'enregistrement qui paie les mandats.

Réquisitoire à un médecin.

Nous, Bel, Jean-Baptiste, maréchal des logis de gendarmerie attaché à la force publique de la 1re division du 1er corps d'armée, officier de police judiciaire militaire aux termes de l'art. 84 du Code de justice militaire, agissant en vertu d'une commission rogatoire à nous adressée par le commissaire–du–gouvernement–rapporteur près le conseil de guerre de ladite division, invitons et requérons au besoin M. Forster, Emile, docteur-médecin, âgé de 33 ans, de se transporter sans retard au domicile du sieur Clin, à l'effet de procéder, après avoir prêté serment entre nos mains, à l'examen des blessures reçues par le sus-nommé, lesquelles blessures lui ont été faites par le soldat Petit, du 28e de ligne, et de nous remettre son rapport.

A Baden, le 18 août 1882.   BEL.

S'il s'agit d'une mort violente, il faudra dire : de procéder à l'autopsie du cadavre du nommé...

Si l'officier de police judiciaire militaire agit de son propre mouvement, il remplacera les mots : agissant en vertu d'une commission rogatoire, par les mots : agissant en vertu de l'art. 86 du Code de justice militaire et, si l'on est en campagne, de l'article 524 du décret du 24 juillet 1875.

Le même modèle peut être employé s'il s'agit de requérir un expert ou un interprète.

Le réquisitoire remis au docteur devant faire

partie de la procédure envoyée au général commandant la circonscription et, en cas de commission rogatoire, à l'officier-rapporteur, c'est une copie de ce réquisitoire qui sert à allouer la taxe au médecin.

Même observation pour la taxe à allouer à un interprète ou à tout autre expert.

Dans le cours de l'information, le magistrat instructeur constate la prestation de serment du médecin, de l'expert, de l'interprète ou du traducteur qui doivent déclarer en même temps qu'ils ne sont ni parents, ni alliés, ni serviteurs de l'inculpé (page 45).

Le médecin ou l'expert qui refuse, sans excuse légitime, de faire le service dont il est requis, encourt l'application de l'article 475 du Code pénal n° 12. — Dans ce cas, l'officier de police judiciaire dresse un procès-verbal qui est envoyé au général commandant la circonscription si l'expert appartient à l'armée et, dans le cas contraire, au procureur de la République.

MANDAT DE PAIEMENT

Monsieur le payeur-particulier de la 1re division du 1er corps d'armée est invité et au besoin requis de payer, sur la présentation de ce mandat, à M. Forster, Emile, docteur-médecin à Baden, la somme de six francs pour une vacation que nous lui avons allouée, conformément à l'article 17 du décret du 13 novembre 1857, sur sa demande, et pour l'exécution du réquisitoire ci-dessus.

A Baden, le 18 août 1882.

Le maréchal des logis, officier de police judiciaire militaire,

Bel.

Ordonnance pour nommer un traducteur.

1ᵉʳ CORPS D'ARMÉE	1ʳᵉ DIVISION D'INFANTERIE
FORCE PUBLIQUE	CANTONNEMENT DE BADEN

ORDONNANCE POUR NOMMER UN TRADUCTEUR.

Nous, Bel, Jean-Baptiste, maréchal des logis de gendarmerie, attaché à la force publique de la 1ʳᵉ division d'infanterie, officier de police judiciaire militaire aux termes de l'article 84 du Code de justice militaire, agissant en vertu de l'article 524 du décret du 24 juillet 1875 ;

Vu la procédure instruite contre le nommé Petit, Alfred, soldat au 28ᵉ de ligne, inculpé de coups et blessures ;

Commettons le sieur Joly, Philippe, 28 ans, brigadier de gendarmerie attaché à la force publique de la division, après lui avoir fait prêter serment, pour nous faire connaître, dans une traduction écrite, le contenu de la lettre ci-jointe, signée par nous et notre greffier *ne varietur* et écrite en langue allemande.

Fait à Baden, le 18 août 1882.

BEL.

Les militaires choisis pour remplir l'office d'interprète sont payés sur le même pied que les interprètes civils. (Circulaire ministérielle du 23 janvier 1867.)

1ᵉʳ CORPS D'ARMÉE   1ʳᵉ DIVISION D'INFANTERIE

FORCE PUBLIQUE CANTONNEMENT DE BADEN

FRAIS DE JUSTICE MILITAIRE

AFFAIRE PETIT

Bordereau des sommes allouées aux témoins et de tous les autres frais.

NOMS ET PRÉNOMS.	PROFESSION.	MONTANT DE LA TAXE.	OBSERVATIONS.
Kummer, Henri .	Négociant.	1ᶠ »	Témoin.
Fischer, Charles .	Négociant.	4ᶠ50ᶜ	Témoin.
Forster, Emile ..	Doct.-méd.	6ᶠ »	Requis pour faire un rapport.
Joly, Philippe...	Brigadier de gend.	3ᶠ »	Requis pour servir d'interprète.
TOTAL..		14ᶠ50ᶜ	

Baden, le 18 août 1882.

Le greffier,

LALOÉ.

Ce bordereau est signé par l'officier de police judiciaire s'il agit sans greffier ; il comprend tous les frais occasionnés par l'information et est envoyé à l'officier-rapporteur en même temps que les pièces de la procédure.

FRAIS URGENTS DE POLICE JUDICIAIRE

L'officier de police judiciaire peut être obligé de saisir les vêtements de l'inculpé; si celui-ci n'en a pas d'autres, il convient d'en acheter; le prix en est payé au vendeur comme frais de justice sur la taxe qui en est faite par le magistrat qui informe.

Lorsqu'un officier de police judiciaire est obligé de se déplacer pour accomplir un acte quelconque de son ministère, et que ce déplacement lui occasionne des frais, il doit, pour en obtenir le remboursement, établir un mémoire qui est rendu exécutoire par le rapporteur saisi de l'affaire et payé par le payeur de la division, ou, en temps de paix, par le receveur de l'enregistrement. (Article 142 du décret du 18 juin 1811.) (page 76).

MÉMOIRE

DE FRAIS URGENTS DE POLICE JUDICIAIRE

Avancés par le maréchal des logis soussigné, officier de police judiciaire militaire, dans l'affaire du nommé Petit, Alfred, soldat au 28° de ligne, inculpé de coups et blessures.

NATURE DES FRAIS.	MONTANT.
Port de pièces à conviction.........	1ʳ 50°
Frais de voitures.................	2ʳ 50°
Achat de vêtements pour l'inculpé ..	3ʳ »
Total.........	7ʳ »

Certifié le présent mémoire, montant à la somme de sept francs. BEL.

Nota. — Ce mémoire est envoyé en même temps que les pièces de l'information.

Les frais de toute nature occasionnés par l'information sont imputés au condamné.

Indication à porter sur toutes les pièces à conviction.

AFFAIRE du nommé PETIT

Soldat de 2ᵉ classe au 28ᵉ régiment de ligne.

PIÈCE A CONVICTION

L'inculpé, PETIT.	Le greffier, LALOÉ.	Le maréchal des logis de gendarmerie, officier de police judiciaire militaire. BEL.

Mandat d'amener

1er CORPS D'ARMÉE	2e DIVISION D'INFANTERIE
FORCE PUBLIQUE	CANTONNEMENT DE BADEN

DE PAR LA LOI

Nous, Bel, maréchal des logis de gendarmerie attaché à la force publique de la 1re division d'infanterie du 1er corps d'armée, officier de police judiciaire militaire aux termes de l'article 84 du Code de justice militaire et agissant en vertu de l'article 87 dudit Code, requérons les militaires de la gendarmerie et tous autres agents de la force publique, d'arrêter et d'amener devant nous, en se conformant à la loi, le nommé....... (*nom, prénoms, grade, régiment et toutes autres indications pouvant faciliter l'arrestation*), inculpé de.... (*énoncer succinctement le crime ou le délit*).

On saisira sur l'inculpé tous les objets paraissant avoir une origine suspecte, notamment..... (*énoncer les pièces à conviction dont l'inculpé est présumé porteur*).

Fait à Baden, le...

BEL.

L'article 95 du Code d'instruction criminelle n'exige point, comme il le prescrit pour le mandat d'arrêt, que le mandat d'amener contienne l'énonciation du fait pour lequel il est décerné, mais il est bon de l'y insérer, afin que les gendarmes chargés de son exécution en apprécient toute l'importance et redoublent, s'il est possible, d'activité et de vigilance.

Si l'inculpé peut être trouvé, les gendarmes, en opérant son arrestation, lui exhiberont le mandat d'amener ci-dessus, lui en remettront la copie et constateront par procès-verbal l'arrestation et les circonstances qui l'auront accompagnée. (C. 97.)

L'officier de police judiciaire militaire ne peut lancer de mandat d'amener que dans le cas de flagrant délit (M. 87), mais il informe dès qu'il a connaissance d'un crime ou d'un délit. (M. 83; D 524.) (page 37).

Réquisitoire au commandant d'un établissemement militaire.

DE PAR LA LOI

Nous, Bernard, Henri, maréchal des logis de gendarmerie attaché à la force publique du quartier-général du 1er corps d'armée, officier de police judiciaire militaire, informant contre la nommée Fortin, Louise. cantinière au 69° régiment de ligne, inculpée de vol ;

Vu les articles 83 et 90 du Code de justice militaire, et 524 du décret du 24 juillet 1875 ; prions et requérons au besoin M. le lieutenant-colonel commandant le fort de Sizun de nous donner toute facilité pour nous introduire dans ledit fort et continuer notre information ;

Prions également M. le lieutenant-colonel de désigner deux militaires de la garnison pour nous assister dans nos opérations.

Fait à Sizun, le...

BERNARD.

Si l'officier de police judiciaire agit pour l'exécution d'une commission rogatoire, il modifie son réquisitoire de la manière suivante :

Nous, ... agissant pour l'exécution d'une commission rogatoire à nous adressée par M. le rapporteur près le conseil de guerre de ....., en date du ....., à l'effet de nous transporter au fort de ......, occupé par le 69° régiment de ligne et d'y rechercher des couverts en argent qui auraient été volés par la nommée Fortin, Louise, cantinière audit régiment, prions et requérons au besoin M. le lieutenant-colonel commandant ledit fort de nous donner.........

S'il s'agit d'une arrestation, dire : Agissant en vertu d'un mandat d'amener.

Il est plus convenable que la réquisition, quand elle s'adresse à un supérieur, soit faite sous forme de lettre.

Réquisitoire sous forme de lettre au commandant d'un établissement militare.

1er CORPS D'ARMÉE

FORCE PUBLIQUE

QUARTIER GÉNÉRAL

CANTONNEMENT DE SIZUN

Sizun, le...............

Le maréchal des logis de gendarmerie BERNARD, attaché à la force publique du quartier-général du 1er corps d'armée, officier de police judiciaire militaire, au lieutenant-colonel commandant le fort de Sizun.

Mon Colonel,

J'ai l'honneur de vous prier, aux termes des articles 83 et 90 du Code de justice militaire et de l'article 524 du décret du 24 juillet 1875, de donner des ordres pour que la libre entrée me soit accordée dans le fort de Sizun, à l'effet d'y procéder à une information contre la nommée Fortin, Louise, cantinière au 69e de ligne, inculpée de vol.

Je vous prie également, mon Colonel, de vouloir bien désigner deux militaires de la garnison pour m'assister dans mes opérations.

BERNARD.

Si le réquisitoire a pour but de s'introduire dans un établissement civil, l'officier de police judiciaire citera l'article 89 au lieu de l'article 90.

L'officier de police judiciaire militaire peut s'adresser verbalement à l'autorité militaire; il n'y a pas de perte de temps et des écritures de moins à faire.

Lorsque le flagrant délit a cessé, si l'inculpé est présent à son corps, il est donné avis à ses supérieurs, afin qu'ils le mettent en arrestation provisoire, et toutes les pièces sont adressées par la voie hiérarchique au général commandant la circonscription, et en campagne directement à l'officier qui a droit de donner l'ordre d'informer. (Page 60).

Dans ce cas, le modèle qui suit pourra être employé.

Compte-rendu à un chef de corps.

1er CORPS D'ARMÉE	1re DIVISION D'INFANTERIE
FORCE PUBLIQUE	CANTONNEMENT DE BADEN

Baden, le.......... 18..

Le maréchal des logis de gendarmerie BEL, attaché à la force publique de la 1re division d'infanterie du 1er corps d'armée, officier de police judiciaire militaire, au Colonel commandant le 28e régiment d'infanterie de ligne.

Mon Colonel,

J'ai l'honneur de vous rendre compte qu'il résulte de l'information judiciaire à laquelle je viens de me livrer que le soldat Bernier, Adolphe, de votre régiment, s'est rendu coupable, le 15 août 1882, d'un vol d'argent au préjudice de l'habitant chez lequel il était logé, crime prévu par l'article 248 du Code de justice militaire.

Je vous prie en conséquence, mon Colonel, de vouloir bien tenir ce militaire à la disposition de Monsieur le général commandant la 1re division, à qui j'envoie toutes les pièces de la procédure.

BEL.

Envoi des pièces d'une information

Baden, le............ 18..

Le maréchal des logis de gendarmerie CLAUDE, attaché à la force publique de la 2ᵉ division du 1ᵉʳ corps d'armée, officier de police judiciaire militaire, au général commandant la 2ᵉ division d'infanterie du 1ᵉʳ corps d'armée.

Mon Général,

J'ai l'honneur de vous adresser toutes les pièces de l'information à laquelle je viens de me livrer contre le nommé Pierre , Louis, soldat de 2ᵉ classe au 66ᵉ de ligne, qui, dans la journée d'hier, s'est rendu coupable de viol, crime prévu par l'article 332 du Code pénal.

Le soldat Pierre a été conduit à la prison de la division, conformément à l'article 540 du décret du 24 juillet 1875.

CLAUDE

Compte-rendu à un chef de corps.

FORCE PUBLIQUE   CANTONNEMENT DE BADEN

Baden, le............ 18..

Le maréchal des logis de gendarmerie CLAUDE, attaché à la force publique de la 2ᵉ division du 1ᵉʳ corps d'armée, officier de police judiciaire militaire, au colonel commandant le 66ᵉ régiment d'infanterie de ligne.

Mon Colonel,

J'ai l'honneur de vous rendre compte que, conformément à l'article 540 du décret du 24 juillet 1875, je viens de faire conduire à la prison de la division le nommé Pierre, Louis, soldat de 2ᵉ classe, appartenant à votre régiment, qui, se trouvant hier sans permission au village de Troppau, s'est rendu coupable de viol.

CLAUDE.

Réquistoire adressé à un chef de corps.

GENDARMERIE NATIONALE	2ᵉ LÉGION
Compagnie de	Arrondissement de

BRIGADE DE

L'an mil huit cent quatre-vingt-deux, le quinze août, nous, Fischer, Philippe, brigadier de gendarmerie commandant la brigade de........, officier de police judiciaire, agissant en vertu de l'article 87 du Code de justice militaire, faisons conduire devant le colonel commandant le 13º dragons, pour y rester à la disposition du général commandant la circonscription, le nommé Bernot, Jules, cavalier audit régiment, inculpé de vol avec effraction et escalade.

Disons que l'information par nous faite contre le nommé Bernot a été adressée par la voie hiérarchique au général commandant la circonscription.

Fait à....... les jour, mois et an que dessus.

FISCHER.

Extraction d'un témoin détenu.

1ᵉ CORPS D'ARMÉE   2ᵉ DIVISION D'INFANTERIE

FORCE PUBLIQUE   CANTONNEMENT DE LUTZEN

REQUISITOIRE

Monsieur le directeur (*ou gardien chef*) de la maison d'arrêt de Lutzen (*ou le brigadier de service à la prison de la division*) est requis d'extraire et de remettre au sieur Durand, gendarme, attaché à la force publique, le nommé Horster, Charles, pour être conduit devant nous à l'effet de faire sa déclaration sur les faits relatifs au nommé Pierre, Louis, soldat de 2º classe au 66ᵉ d'infanterie, inculpé de viol,

Le sieur Durand est personnellement responsable du sus-nommé jusqu'à sa réintégration dans la maison d'arrêt.

Lutzen, le 19 août 1882.

Le maréchal des logis de gendarmerie,
officier de police judiciaire militaire,

CLAUDE.

Ce réquisitoire ou ordonnance d'extraction reste entre les mains de la personne requise, et est rendu, après la réintégration du témoin, à l'officier de police judiciaire qui l'a décerné.

Extraction d'un témoin hospitalisé,

1ᵉʳ CORPS D'ARMÉE   2ᵉ DIVISION D'INFANTERIE

FORCE PUBLIQUE   CANTONNEMENT DE BADEN

RÉQUISITOIRE

Monsieur le directeur de l'hospice de Lutzen est prié et requis au besoin de remettre au sieur Durand, gendarme, attaché à la force publique et porteur du présent réquisitoire, le nommé Duval, Octave, pour être entendu comme témoin dans l'affaire du nommé Pierre, Louis, soldat de 2ᵉ classe au 66ᵉ régiment de ligne, inculpé de viol.

Lutzen, le 19 août 1882.

Le maréchal des logis de gendarmerie,
officier de police judiciaire militaire,

CLAUDE.

Les témoins extraits de l'hospice ou de la prison doivent être cités régulièrement par l'officier de police judiciaire lorsqu'il agit en vertu d'une commission rogatoire ; dans tous les autres cas, ce magistrat ne peut recevoir que les déclarations des personnes présentes lorsqu'il arrive sur les lieux du crime ou du délit ; quant aux témoins qui ne sont plus présents, il ne peut que les inviter à venir déposer (Page 44).

Modèle d'inventaire.

1ᵉʳ CORPS D'ARMÉE	2ᵉ DIVISION D'INFANTERIE
FORCE PUBLIQUE	CANTONNEMENT DE LUTZEN

Inventaire des pièces de la procédure relative au nommé Pierre, Louis, soldat de 2ᵉ classe au 66ᵉ régiment d'infanterie de ligne, envoyées à M. le général commandant la 2ᵉ division d'infanterie du 1ᵉʳ corps :

1° Un procès-verbal d'information ;

2ᵘ Bordereau des frais de justice militaire ;

3° Le présent inventaire.

Les pièces à conviction ont été déposées au greffe du conseil de guerre.

Lutzen, le 21 août 1882.

Le greffier,

JOLY.

Gendarme attaché à la force publique de la 2ᵉ division.

Si l'officier de police judiciaire militaire a agi pour l'exécution d'une commission rogatoire, les pièces sont adressées au commissaire-rapporteur en même temps que ladite commission et l'original de signification de cédules (page 74).

Demande de Main-forte.

CANTONNEMENT DE BADEN

DE PAR LA LOI,

Nous, Sauvage, Louis, chef d'escadron de gendarmerie commandant la prévôté du 2° corps d'armée, officier de police judiciaire militaire, agissant aux termes de l'article 86 du Code de justice militaire,

Vu l'article 522 du décret du 24 juillet 1875,

Prions et requérons au besoin M. le colonel commandant le 120° régiment de ligne de mettre à notre disposition, pour dix heures du soir, à..... (*indiquer l'endroit de réunion*), un détachement de dix hommes pour nous prêter main-forte dans une opération que nous allons exécuter cette nuit-

Fait à Baden, le..... 188...

SAUVAGE.

Réquisitoire à un chef de poste.

<table>
<tr><td>1ᵉʳ CORPS D'ARMÉE</td><td>1ᵉ DIVISION D'INFANTERIE</td></tr>
<tr><td>FORCE PUBLIQUE</td><td>CANTONNEMENT DE BADEN</td></tr>
</table>

Nous, Bel, maréchal des logis de gendarmerie, attaché à la force publique de la 1ʳᵉ division d'infanterie du 1ᵉʳ corps d'armée, officier de police judiciaire militaire ;

Requérons, en vertu de l'article 25 du Code d'instruction criminelle et de l'article 522 du décret du 24 juillet 1875, M. le chef de poste de.... de mettre à notre disposition quatre hommes et un caporal et de les envoyer à..... pour y prendre les nommés........ et les conduire à la prison de la division.

Fait à Baden, le 6 août 1882.

BEL.

En cas de refus, il est dressé procès-verbal.
(P. 234.)

Réquisitoire adressé par un chef de corps à un officier de police judiciaire militaire.

2ᵉ CORPS D'ARMÉE   3ᵈ DIVISION D'INFANTERIE

54ᵉ RÉGIMENT DE LIGNE

RÉQUISITOIRE

Nous, de Narbonne, Charles, colonel commandant le 54ᵉ régiment de ligne, vu l'article 85 du Code de justice militaire, requérons monsieur le capitaine commandant la gendarmerie de l'arrondissement de Compiègne, officier de police judiciaire militaire, de procéder à une information contre le soldat de 2ᵉ classe Berton, Jacques, de notre régiment, qui, cette nuit, s'est rendu coupable de vol au préjudice du sieur Hurtin, chez qui il était logé, crime prévu par l'article 248 du Code de justice militaire.

Remettons en même temps à monsieur le capitaine de gendarmerie la plainte portée par le sieur Hurtin et donnons des ordres pour que les soldats Beaudin, Henri, et Pommés, Jean-Baptiste, témoins du vol, soient laissés à sa disposition.

Disons aussi que le soldat Berton sera immédiatement remis à la gendarmerie pour être conduit devant l'officier de police judiciaire par nous requis.

Invitons ce magistrat à nous transmettre tous actes et procès-verbaux dressés en exécution du présent réquisitoire.

Fait à Compiègne, le 20 août 1882.

DE NARBONNE.

En vertu de l'article 85 du Code de justice militaire, les commandants et majors de place, les chefs de corps, de dépôt et de détachement, les chefs de service d'artillerie et du génie, les membres du corps de l'intendance militaire peuvent faire personnellement ou requérir les officiers de police judiciaire militaire, chacun en ce qui le concerne, de faire tous les actes nécessaires à l'effet de constater les crimes ou les délits, et d'en livrer les auteurs aux tribunaux chargés de les punir (page 35).

L'information est envoyée par l'officier de police judiciaire militaire à l'autorité qui a requis.

Délégation.

Nous, de Chaptal, Albéric, capitaine de gendarmerie commandant la force publique de la 4ᵉ division du 2ᵉ corps d'armée, officier de police judiciaire militaire, informant contre le sieur Wager, Louis, en vertu de la commission rogatoire ci-contre ;

Vu l'article 102 du Code de justice militaire ;

Commettons le maréchal-des-logis Mercier, attaché à la force publique de ladite division, officier de police judiciaire militaire, à l'effet d'entendre le sieur Féru, Antoine, qui n'a pu se rendre à notre citation pour cause de maladie, ainsi que tous autres témoins dont la déposition lui paraîtrait utile à la manifestation de la vérité, et de nous envoyer ensuite la présente commission rogatoire avec toutes les pièces de l'information.

Fait à Dury, le 25 août 1882.

DE CHAPTAL.

La délégation est portée au dos de la commission rogatoire.

Les témoins entendus par l'officier de police judiciaire délégué doivent être cités régulièrement (page 68).

Toutes les pièces doivent être envoyées closes et cachetées (page 72).

Réquisitoire à un maire.

Nous, Bernard, Octave, maréchal des logis de gendarmerie, officier de police judiciaire militaire, informant contre le nommé Féron, Auguste, marchand à la suite de l'armée en vertu d'une permission, inculpé de vol ;

Vu l'article 91 du Code de justice militaire ;

Requérons monsieur le maire de Vigy de nous accompagner dans le domicile du sieur Hofbauer, revendeur, demeurant rue de Forbach, nº 25, pour y procéder à une perquisition (*ou à l'arrestation du coupable.*)

Fait à Vigy, le 20 août 1882.

BERNARD.

Chaque feuillet du procès-verbal dressé par un officier de police judiciaire militaire est signé par lui et par les personnes qui y ont assisté. En cas de refus ou d'impossibilité de signer de la part de celles-ci, il en est fait mention. (M. 92.)(p. 45.)

Aux armées et dans les communes en état de siège, les officiers de police judiciaire militaire qui instrumentent sont autorisés à s'introduire dans un établissement ou dans une maison particulière sans être assistés d'aucune autorité s'il ne s'en trouve pas dans la commune.

Mention doit en être faite au procès-verbal. (M. 153.)(Page 65.)

Réquisitoire à un ouvrier.

2ᵉ CORPS D'ARMÉE   3ᵉ DIVISION D'INFANTERIE

FORCE PUBLIQUE   CANTONNEMENT DE VIGY

Nous, Bernard, Octave, maréchal des logis de gendarmerie, officier de police judiciaire militaire, informant contre le nommé Féron, Auguste, marchand à la suite de l'armée en vertu d'une permission, inculpé de vol ;

Vu l'article 86 du Code de justice militaire ;

Requérons le sieur Hirst, serrurier à Vigy, de se rendre de suite au domicile du sieur Hofbauer, revendeur, demeurant rue de Forbach, nº 25, pour y faire l'ouverture des portes et armoires.

Fait à Vigy, le 20 août 1882.

BERNARD.

L'officier de police judiciaire peut payer le serrurier ; dans ce cas, il porte la somme dépensée sur le mémoire des frais urgents avancés par lui ; s'il ne veut pas faire l'avance de cette somme, ce à quoi il n'est pas tenu, il la porte sur le bordereau des frais et, dès que le rapporteur aura décerné l'exécutoire. elle est payée en temps de paix par le receveur de l'enregistrement et en campagne par le payeur.(Pege 75.)

MANDATS JUDICIAIRES.

Il y a quatre sortes de mandats judiciaires, savoir :

1° Le mandat de comparution ;

2° Le mandat d'amener ;

3° Le mandat de dépôt ;

4° Le mandat d'arrêt.

Tout mandat doit être signé par celui qui l'a décerné et muni de son sceau. (C. 95.)

L'omission de ces formalités entraîne la nullité du mandat.

Le prévenu y sera nommé ou désigné le plus clairement possible ; un mandat est donc valable quoique l'inculpé n'y soit pas spécialement désigné par ses nom, prénoms et domicile.

Le mandat est toujours individuel.

Tous les mandats sont notifiés par un agent de la force publique, lequel en fera l'exhibition au prévenu et lui en délivrera copie. (C. 97.)

Ils sont exécutoires dans le territoire de la République, et, en pays étranger, dans l'arrondissement de l'armée. (C. 98.)

Le mandat d'arrêt doit être signifié au prévenu, et copie lui en sera délivrée, lors même qu'il serait déjà détenu. (C. 97.)

Hors le cas de flagrant délit tout mandat concernant un homme présent sous les drapeaux ne peut être mis à exécution par les agents de la force publique avant qu'ils en aient obtenu l'autorisation du chef de corps. (M. 88. Circulaire ministérielle du 22 juin 1888, page 54.)

Mandat de comparution. — Le mandat de comparution est l'ordre donné à l'inculpé de se présenter devant le rapporteur pour y donner des explications ; il n'emporte aucun moyen de contrainte ni aucune mesure de détention ;

Mandat d'amener. — Le mandat d'amener est l'ordre de contraindre au besoin l'inculpé par la force publique à se présenter devant le juge mandant.

Mandat de dépôt. — Le mandat de dépôt emporte aussi voie de contrainte et de détention préventive, il a pour effet de faire détenir l'inculpé dans une prison militaire.

Mandat d'arrêt. — Le mandat d'arrêt produit les mêmes effets que le mandat de dépôt ; il doit contenir l'énonciation du fait pour lequel il est décerné, et la citation de la loi qui déclare que ce fait est un crime ou un délit.

Le Code de justice militaire ne mentionne pas le mandat d'arrêt, mais les rapporteurs n'en peuvent pas moins décerner ces sortes de mandats après avoir entendu le commissaire du gouvernement.

Le président d'un conseil de guerre peut décerner aussi des mandats : mandat de dépôt contre ceux qui font du tumulte ayant pour but de mettre obstacle au cours de la justice ou contre ceux dont la déposition paraît fausse (M. 115, 127), mandat d'amener contre l'accusé qui refuse de comparaître ou même contre un témoin défaillant. (M. 118. 125.)

Signification d'un mandat de comparution, délivré par le commissaire du gouvernement contre un défaillant.

L'an mil huit cent quatre-vingt-deux, le quinze septembre, à midi, à la requête de M. le commissaire du gouvernement rapporteur près le conseil de guerre de la 3e division du 2e corps d'armée, nous, Garin, Félix, gendarme attaché à la force publique de la division, soussigné ;

Avons signifié audit sieur Kummer, Henri, en son domicile, à Baden, rue de Lubeck, n° 2, parlant à sa personne *(ou à la personne de sa femme qui s'est chargée de lui remettre la copie du mandat)*, ainsi déclaré, le mandat ci-dessus que nous lui avons exhibé en original, et, afin qu'il n'en ignore, nous lui avons laissé copie tant du mandat de comparution que de la présente signification.

Dont acte, à Baden, les jour, mois et an que dessus.

GARIN.

En tête de l'exploit ci-dessus il faut copier le mandat.

Le mandat de comparution et l'acte de signification sont renvoyés au magistrat qui a signé ledit mandat; c'est la copie de ces deux actes qu'il faut laisser au prévenu.

L'original de signification est visé par la personne qui reçoit la citation si la signification n'est pas faite au prévenu lui-même ou à l'un de ses parents ou de ses serviteurs.

Si l'individu qui doit comparaître a quitté son domicile pour n'y plus revenir et qu'il n'y ait aucun de ses parents, on dira : attendu que le sieur Kummer n'habite plus au domicile indiqué dans le mandat dont copie précède et qu'il n'y a aucun de ses parents, nous nous sommes rendu chez M. le maire de Baden, auquel nous l'avons signifié, parlant à sa personne, et qui a visé l'original.

Si les parents ou voisins refusent de recevoir la citation, on dira : Attendu que les parents du prévenu et ses voisins ont refusé de recevoir la copie du mandat et de la présente signification, nous nous sommes rendu chez M. le maire, etc., etc.

En campagne, si le maire n'est pas présent ou refuse de recevoir la copie du mandat, il y a lieu de se conformer à ce qui a été dit pour la citation à témoin.

Si le mandat de comparution est décerné contre un militaire, le gendarme notifie ce mandat à l'intéressé en ayant soin d'indiquer d'une manière précise le lieu où il s'est transporté pour le notifier.

Si le militaire est en fuite, le mandat est notifié de préférence à l'officier comptable qui visera l'original de la signification.

On dira : M. le major nous a déclaré que le nommé Baudin, Pierre–Aristide, soldat de 2e classe au 54e de ligne, est en fuite depuis le 1er septembre, et qu'on le croit à..............

Si le prévenu est un assimilé qui n'a pas de chef dans la localité, le mandat de comparution est notifié au maire, qui visera le procès-verbal de notification.

Lorsque l'officier rapporteur décerne un mandat pour que l'inculpé se présente devant lui, l'agent qui le notifie se conformera à ce qui vient d'être dit.

Les gendarmes ne doivent pas arrêter un individu requis de comparaître, quand bien même il refuserait d'obéir.

Signification d'un mandat d'amener à un pré-
venu que l'on trouve.

L'an mil huit cent quatre-vingt-deux, le quinze septembre, à onze heures du matin, à la requête de M. le commissaire-du-gouvernement-rapporteur près le conseil de guerre de la 3e division du

2º corps d'armée, nous, Garin, Félix, gendarme attaché à la force publique de ladite division, soussigné ;

Avons notifié le mandat d'amener ci-dessus audit sieur Peters, Charles-Adolphe, épicier, en son domicile, à Baden, rue de Paris, nº 8, parlant à sa personne, et lui avons delivré copie dudit mandat et de la présente signification.

En conséquence, nous l'avons conduit devant M. le commissaire-du-gouvernement-rapporteur près le conseil de guerre de la 3º division du 2º corps d'armée.

Dont acte, à Baden, les jour, mois et an que dessus.

Garin.

Signalement du prévenu :

En tête de l'exploit ci-dessus, il faut copier le mandat d'amener.

Tout individu arrêté doit être fouillé avec soin pour s'assurer qu'il n'a sur lui aucun instrument pouvant favoriser son évasion. (D. 275.)

Un prévenu peut toujours se faire transférer en voiture à ses frais en se conformant aux précautions prises par le chef d'escorte. (Décret du 18 juin 1811.)

Les membres de la gendarmerie à la recherche d'un individu frappé d'un mandat de justice ont le droit, sur l'avis qu'il s'est réfugié dans une maison, d'en requérir la nuit l'ouverture et, sur le refus d'ouvrir qui leur est fait, de l'investir jusqu'au jour. (Page 64.

Si, même pendant la nuit, la maison où s'est réfugié le prévenu est ouverte à la gendarmerie sur sa réquisition, elle peut y entrer et opérer l'arrestation pendant la nuit (Cassation 8 mars 1851). (Voir les articles 291, 292 et 293 du décret du 1er mars 1854.)

Siguification d'un mandat d'amener à un individu non trouvé.

L'an mil huit cent quatre-vingt-deux, le dix-huit septembre, à une heure du soir, à la requête de M. le commissaire-du-gouvernement-rapporteur près le conseil de guerre de la 3e division du 2e corps d'armée et pour l'exécution du mandat d'amener ci-dessus, nous, Garin, Félix, gendarme attaché à la force publique de ladite division, soussigné, nous sommes transporté au domicile du sieur Peters, Charles-Adolphe, épicier, demeurant à Baden, rue de Paris, n° 8, où nous avons appris par la déclaration de sa femme qu'il est absent pour son commerce.

Après avoir recherché ledit Peters et ne l'avoir pas trouvé, nous nous sommes présenté chez le maire de Baden (*ou chez le commissaire de police*), auquel nous avons exhibé, en lui en laissant copie, le mandat ainsi que l'original de la signification par nous faite, lequel original il a signé.

Dont acte, à Baden, les jour, mois et an que dessus.   GARIN.

Vu par nous, maire de la commune de Baden, cejourd'hui dix-huit septembre mil huit cent quatre-vingt-deux, à deux heures du soir (*signature et cachet du maire.*)

S'il s'agit d'un militaire, le gendarme opère comme il est dit pour la signification du mandat de comparution.

Si le prévenu qui n'a pas été arrêté à son

domicile est rencontré ensuite par le porteur du mandat, celui-ci s'en saisira en lui exhibant le mandat et l'original de l'acte de notification qui aura été dressé, et il constatera cette arrestation de la manière suivante :

Et le même jour que ci-dessus, revenant à notre cantonnement et nous trouvant à l'entrée du village de Baden, avons fait la rencontre du nommé Peters, désigné au mandat d'amener dont nous sommes porteur, et le lui ayant exhibé ainsi que l'original de l'acte de notification signé par M. le maire, nous l'avons arrêté et conduit devant M. le commissaire-du-gouvernement-rapporteur.

Le porteur du mandat d'amener emploie au besoin la force publique du lieu le plus voisin ; elle sera tenue de marcher sur la réquisition contenue dans le mandat d'amener. (C. 99.)

Si le prévenu contre lequel il a été décerné un mandat d'amener ne peut être trouvé, ce mandat sera exhibé au maire ou à l'adjoint, ou au commissaire de police de la commune de la résidence du prévenu ; le maire, l'adjoint ou le commissaire de police mettra son visa sur l'original de l'acte de notification. (C. 105.)

Pour mettre à exécution un mandat d'arrêt contre un individu qui ne peut être saisi, les agents de la force publique se conformeront à l'article 109 du Code d'instruction criminelle.

S'il s'agit d'un militaire, procès-verbal sera dressé en présence de deux militaires désignés par le chef de corps et qui signeront.

Le chef de corps signera aussi et il lui sera laissé copie.

Signification d'une citation directe à comparaître à l'audience.

L'an mil huit cent quatre-vingt-deux, le dix-neuf septembre, à huit heures du matin, à la requête de M. le commissaire-rapporteur près le conseil de guerre de la 3º division du 2º corps d'armée.

Nous, Garin, Félix, gendarme attaché à la prévôté de ladite division, soussigné, avons signifié la citation d'autre part au nommé Béreaux, Alfred, soldat de 2º classe au 54º de ligne, détenu à la prison dela division, parlant à sa personne, ainsi déclaré, et, à ce qu'il n'en ignore, nous lui avons laissé copie des présentes citation et signification.

Dont acte à Baden, les jour, mois et an que dessus.   GARIN.

L'original de la citation et de la signification doit être renvoyé au commissaire-rapporteur.

Aux armées, dans les circonscriptions territoriales en état de guerre et dans les places de guerre assiégées ou investies, l'accusé peut être traduit directement et sans instruction préalable devant le conseil de guerre (Page 32.)

La citation doit être faite à l'accusé au moins vingt-quatre heures avant la réunion du conseil; elle contient notification de l'ordre de convocation, elle indique conformément à l'article 109 du Code de justice militaire le crime ou le délit pour lequel il est mis en jugement, le texte de la loi applicable, et les noms des témoins que le commissaire-rapporteur se propose de faire entendre. (M. 156.)

Si l'accusé est absent ou en fuite, il y a lieu de se conformer à ce qui est dit pour la signification du mandat de comparution à un inculpé qu'on ne peut trouver.

Sommation faite à un accusé de comparaître à l'audience.

Si un accusé refuse de comparaître devant le conseil de guerre, sommation d'obéir à la justice lui est faite au nom de la loi par un agent de la force publique commis à cet effet. Le président peut ordonner qu'il soit amené par la force devant le conseil. (M. 118.)

1ᵉʳ CORPS D'ARMÉE — 1ʳᵉ DIVISION D'INFANTERIE

FORCE PUBLIQUE CANTONNEMENT DE BADEN

L'an mil huit cent quatre-vingt-deux, le premier octobre, à dix heures du matin, à la requête de M. de Narbonne, colonel du 54ᵉ de ligne, président du conseil de guerre de la 1ʳᵉ division du 1ᵉʳ corps d'armée ;

Nous, Bel, Jean-Baptiste, maréchal-des-logis de gendarmerie attaché à la force publique de la dite division, soussigné, nous sommes transporté à la prison de la division où étant avons invité le sieur Menu, brigadier de gendarmerie chargé de la garde des prisonniers, d'amener devant nous le nommé Bernard, Henri, soldat de 2ᵉ classe au 67ᵉ régiment de ligne, accusé de vol au préjudice d'un habitant chez lequel il était logé.

Ledit Bernard ayant été conduit devant nous, l'avons sommé au nom de la loi, en présence du brigadier de gendarmerie Menu et des gendarmes Mercier et Thouvenin, employés à la prison, d'obéir à la justice et à cet effet de comparaître à l'audience dudit conseil de guerre pour être jugé contradictoirement. L'accusé ayant refusé (*pour tels motifs*) l'avons encore exhorté à obéir, déclarant que faute de le faire, il pourra y être contraint par la force, si mieux n'aime le président passer outre aux débats, nonobstant son absence, le susdit a persisté dans son refus par les motifs énumérés ci-dessus.

En conséquence, nous nous sommes retiré après avoir dressé le présent procès-verbal, que nous avons signé avec le prévenu susnommé, le brigadier Menu et les gendarmes Mercier et Thouvenin.

Fait et clos à Baden, les jour, mois et an que dessus.

Bernard, Thouvenin, Menu, Bel.

Si l'accusé consent à comparaître, ou s'il ne veut pas signer, on modifie le procès-verbal en conséquence.

Procès-verbal constatant que l'accusé a été contraint par la force à comparaître à l'audience.

FORCE PUBLIQUE   CANTONNEMENT DE BADEN

L'an mil huit cent quatre-vingt-deux, le premier octobre, à une heure du soir.

Nous soussigné, Bel, Jean-Baptiste, maréchal des logis de gendarmerie attaché à la force publique de la 1re division du 1er corps d'armée, à la requête et en vertu d'un mandat d'amener délivré par M. le président du conseil de guerre de ladite division le premier octobre, signé de lui et scellé, nous sommes transporté à la prison de la division, où se trouve détenu le nommé Bernard, Henri, soldat au 67e régiment de ligne, auquel, parlant à sa personne, nous avons notifié le mandat d'amener dont nous sommes porteur, le requérant de nous déclarer s'il entend obéir audit mandat, et se rendre devant le conseil de guerre assemblé pour être entendu et être statué à son égard ; lequel nous a répondu qu'il était prêt à obéir aux ordres de la justice, et, en effet, il nous a suivi sans résistance devant le conseil de guerre et avons en conséquence dressé le présent procès-verbal qu'il a signé avec nous.

Fait et clos à Baden, les jour, mois et an que dessus.

Bernard, Bel.

Si l'accusé refuse d'obéir, l'agent de la force publique modifiera son procès-verbal ainsi qu'il suit :

« Lequel m'a répondu qu'il ne voulait pas obéir audit mandat (*pour tels motifs*) ; nous lui avons vainement représenté que sa résistance illégale ne pouvait le dispenser d'obéir au commandement de la justice et nous obligeait à user de moyens de force que nous étions autorisé par la loi à employer ; le dit Bernard s'est obstiné à refuser d'obéir au mandat ; en conséquence, nous l'avons saisi et appréhendé au corps, étant assisté par les gendarmes Mercier et Varin, employés à la prison, desquels nous avons requis l'assistance pour que force reste à la loi.

Nous avons conduit ledit Bernard devant le conseil de guerre assemblé et dressé le présent procès-verbal, que les gendarmes sus-nommés ont signé avec nous.

L'accusé sommé de signer a refusé.

Mercier, Varin, Bel.

JUGEMENT RENDU PAR DÉFAUT

Lorsqu'il s'agit d'un fait qualifié délit par la loi, si l'accusé n'est pas présent il est jugé par défaut.

Le jugement rendu dans la forme ordinaire est mis à l'ordre du jour de la place, affiché à la porte du lieu où siège le conseil de guerre, et signifié par la gendarmerie à l'accusé ou à son domicile. (M. 179. 183. D. 133.)

NOTIFICATION D'UN JUGEMENT RENDU PAR DÉFAUT

Pour notifier des jugements correctionnels rendus par les conseils de guerre, les militaires de la gendarmerie peuvent employer la formule suivante :

L'an mil huit cent quatre-vingt-deux, le douze octobre, à trois heures du soir ;

Nous, Garin, Félix, gendarme attaché à la force publique de la 3ᵉ division du 2ᵉ corps d'armée, agissant à la requête de M. le commissaire-du-gouvernement – rapporteur près le conseil de guerre de ladite division, pour la notification d'un jugement rendu le dix octobre par le conseil de guerre sus-énoncé, lequel jugement condamne par défaut le nommé Flamen, Charles, 30 ans, épicier, demeurant à Baden, rue de Paris, nº 15, à (*copier textuellement les peines prononcées, y compris l'amende et les frais, etc.*), pour s'être rendu coupable le (*indiquer la date et la nature du délit*) nous sommes transporté à (*donner ici des indications très exactes*), où étant et parlant à sa personne, nous lui avons exhibé et notifié en original le jugement dont nous sommes porteur, et pour qu'il n'en ignore nous lui avons laissé copie tant dudit jugement que de la présente notification, lui déclarant que faute par lui d'y former opposition dans un délai de cinq jours, outre un jour par cinq myriamètres à parcourir, ledit jugement sera réputé contradictoire et exécuté dans sa forme et teneur.

Fait et clos à Baden, les jour, mois et an que dessus.   GARIN.

Si le condamné est en fuite, le jugement est notifié à l'un de ses parents ou de ses serviteurs, à défaut de ces derniers à un voisin qui signe l'original, ou au maire, etc. (Code de procédure civile, article 68.)

Le condamné ne peut être arrêté en vertu du jugement, ce jugement n'étant pas encore définitif, puisqu'il a pour faire opposition cinq jours de délai à partir de la notification du jugement, outre un jour par myriamètre.

Toutefois, si la signification du jugement par défaut n'a été faite à personne ou s'il ne résulte pas d'actes d'exécution du jugement que le prévenu en a eu connaissance, l'opposition sera recevable jusqu'à l'expiration des délais de la prescription de la peine. (C. 187. Loi du 27 juin 1866. Lettre ministérielle du 20 mars 1874.)

S'il s'agit d'un militaire et qu'il ne soit pas en situation régulière, la gendarmerie lui notifie le jugement par défaut en se conformant aux formalités déjà indiquées, puis l'arrête soit pour désertion, soit en vertu d'un mandat délivré contre lui avant le jugement et dresse un procès-verbal séparé constatant l'arrestation.

Modèles de procès-verbaux d'information

2ᵉ CORPS D'ARMÉE	4ᵉ DIVISION D'INFANTERIE
FORCE PUBLIQUE	CANTONNEMEET DE THUN

AFFAIRE GARNIER

Ce jourd'hui trois septembre mil huit cent quatre-vingt-deux, nous, Bertin, Henri, maréchal des logis de gendarmerie attaché à la force publique de la 4ᵒ division d'infanterie, officier de police judiciaire militaire aux termes de l'article 84 du Code de justice militaire, agissant pour l'exécution d'une commission rogatoire en date du premier septembre, laquelle nous a été adressée par M. Lefranc, capitaine au 67ᵉ de ligne, commissaire-rapporteur près le conseil de guerre du quartier-général du 2ᵒ corps d'armée ;

Informant contre le nommé Garnier, Alphonse, soldat de 2ᵉ classe au 15ᵉ de ligne, détaché audit quartier-général, inculpé de coups et blessures ;

Etant assisté du sieur Martin, Jean-Baptiste, gendarme attaché à la force publique de la division, désigné par nous pour remplir les fonctions de greffier et duquel nous avons reçu préalablement le serment d'en bien et fidèlement remplir les fonctions ;

Avons fait comparaître devant nous, en vertu de notre cédule en date du deux septembre, les témoins ci-après nommés à l'effet de faire leurs déclarations en la présente information ;

Lesquels, individuellement et successivement, hors la présence l'un de l'autre, après avoir représenté la citation à eux donnée, avoir prêté serment de dire toute la vérité, rien que la vérité, de parler sans haine et sans crainte, avoir entendu la lecture de la commission rogatoire relative au nommé Garnier, et interrogés par nous sur leurs nom, prénoms, âge, état, profession, demeure, s'ils sont domestiques, parents ou alliés des parties et à quel degré, ont répondu :

DÉPOSITION DU TÉMOIN BÉRAUX

Le premier témoin a déclaré se nommer Béraux, Pierre, âgé de 30 ans, lieutenant au 67e de ligne, cantonné à Plappeville, n'être domestique, parent ni allié des parties, et a déposé ainsi, répondant aux questions portées en ladite commission rogatoire :

1re question. — Quels sont les faits à votre connaissance relativement au nommé Garnier, soldat au 67e de ligne ?

R. —

2e question. —

R. —

Lecture faite au témoin de sa déposition, il a dit qu'elle contenait vérité, qu'elle a été fidèlement rendue, qu'il y persiste et a signé avec nous et notre greffier, approuvant la rature de deux mots rayés nuls et la surcharge de . . . . (*s'il y a lieu*).

Le greffier,	*Le témoin,*	*Le maréchal des logis de gendarmerie, officier de police judiciaire militaire,*
Martin.	Béraux.	
		Bertin.

Nota. — Pour faciliter les recherches, les dépositions des témoins seront faites sur des feuilles séparées.(Page 45.)

DÉPOSITION DU TÉMOIN HOFSTETTER

Le deuxième témoin a déclaré se nommer Hofstetter, Louis, âgé de 45 ans, menuisier, demeurant à Thun, n'être domestique, parent ni allié des parties, et a déposé ainsi, répondant aux questions posées en ladite commission rogatoire :

1re question. —

R. —

Lecture faite, etc. (comme ci-dessus).

Le greffier,	*Le témoin,*	*Le maréchal des logis de gendarmerie, officier de police judiciaire militaire,*
Martin.	Hofstetter.	
		Bertin.

Fait et clos et signé à chaque page le présent procès-verbal d'information, les jour, mois et an que dessus.

Le greffier,   Le maréchal des logis de gendar-
Martin.   merie, officier de police judiciaire.
                               militaire,

                                        Bertin.

Observations. — Le bas de chaque page de l'information et la déposition de chaque témoin doivent être signés par le magistrat instructeur, par son greffier et par les personnes qui y ont assisté ; en cas de refus ou d'impossibilité de signer de la part de celles-ci, il en est fait mention comme il a été dit précédemment. (M. 92.)(page 45).

Les renvois, les ratures, les surchages sont approuvés par le magistrat instructeur, par son greffier et par le témoin ; il faut avoir soin de numéroter les mots rayés.

Le témoin signe sa déposition à la fin ; s'il ne sait pas signer ou ne veut pas signer, terminer ainsi qu'il suit : « qu'il y persiste et avons signé avec notre greffier, ledit comparant ayant déclaré ne le savoir ou ne le vouloir (*pour tel motif*).

Si l'un des témoins n'avait pu être entendu, on le relaterait ainsi avant la clôture du procès-verbal :

« Attendu que le nommé Duval, Alfred, qua-
» lifié en la commission rogatoire, n'a pu être en-
» tendu pour (*indiquer le motif*) nous avons clos
» le présent procès-verbal après l'avoir signé à
» chaque page. »

Si l'un des témoins devant être entendu se trouvait malade ou blessé et dans l'impossibilité de comparaître, l'officier de police judiciaire militaire devrait se transporter auprès de lui (C. 83) et le constater de cette manière sur son procès-verbal d'information.

« Attendu que le nommé Randon, Philippe,
» soldat au 67ᵉ régiment de ligne, est en ce
» moment à l'ambulance de Plappeville ; que son
» état de santé ne lui permet pas de se rendre à
» notre citation, nous sommes transporté à ladite
» ambulance assisté de notre greffier, à l'effet de
» recevoir la déposition du malade, lequel, hors la
» présence des autres témoins, après avoir repré-
» senté la citation à lui donnée, a prêté
» serment..... »

De même, si un témoin civil, par suite de maladie, ne pouvait se rendre à la citation, l'officier
de police judiciaire se transporterait à son domicile et mentionnerait son transport sur un procès-
verbal de la manière suivante :

« Attendu qu'il résulte d'un certificat d'un
» officier de santé que le sieur Bauer, Jean, fer-
» blantier, ne peut se rendre à notre citation
» pour cause de maladie, nous sommes trans-
» porté à son domicile à Thun, rue de Metz, nᵒ 4,
» où étant nous avons trouvé le sus-nommé Bauer,
» lequel, hors de la présence..... »

Si le ministère d'un interprète est nécessaire
pour l'audition d'un témoin, il en est fait mention
dans le procès-verbal ainsi qu'il suit :

DEPOSITION DU TÉMOIN BECKER

Attendu que le témoin Becker, Alexandre, que
nous avons fait citer en vertu de la commission
rogatoire sus-relatée, ne parle que la langue
allemande, avons requis le sieur Singer, Charles,

âgé de 40 ans, gendarme attaché à la force publique de la division, de nous servir d'interprète, lequel a prêté serment d'en bien et fidèlement remplir les fonctions et a déclaré en outre n'être point allié, ni serviteur des parties.

Ledit témoin, hors la présence des autres témoins, a déclaré se nommer Becker, Alexandre, âgé de 50 ans, né et demeurant à Plappeville, n'être domestique, parent ni allié des parties et a déposé ainsi, répondant aux questions de ladite commission rogatoire :

1re Question. —

R. —

Lecture faite au témoin de sa déposition, il a dit qu'elle contenait vérité, qu'elle a été fidèlement rendue, qu'il y persiste et a signé avec nous, notre greffier et l'interprète.

Le témoin,	*Le greffier,*	*L'interprète,*
BECKER.	MARTIN.	SINGER.

Le maréchal des logis de gendarmerie,
officier de police judiciaire militaire,

BERTIN.

S'il existe des pièces à conviction, l'officier de police judiciaire militaire les représentera à chacun des témoins et le constatera dans les dépositions.

« Nous avons alors représenté au témoin (*désigner l'objet*) la pièce à conviction, lequel a déclaré (*spécifier la déclaration du témoin*).

Une étiquette indiquant la nature de la pièce à conviction sera scellée audit objet avec de la cire et portera la signature du témoin, celle du greffier et celle de l'officier de police judiciaire militaire.

Si c'est une lettre ou tout autre écrit, il la pré-

sentera au témoin et mentionnera ainsi cette opération dans le procès-verbal :

« Nous avons alors représenté au témoin le
» (ou la) (indiquer la pièce) lequel, (ou laquelle) a
» après avoir été signé *ne varietur* par nous, ledit
» témoin et le greffier, sera joint au présent
» procès-verbal.

Le visa est formulé de la manière suivante sur
la pièce produite :

Vu ne varietur.

Le témoin,	Le greffier,	Le maréchal des logis de gendarmerie, officier de police judiciaire militaire,
BECKER.	MARTIN.	BERTIN.

Si le témoin remet une pièce à conviction, il
faut aussi le mentionner dans le procès-verbal
d'information de la manière suivante :

« Le témoin nous a remis (*indiquer la pièce*)
» sur laquelle une étiquette a été scellée avec de
» la cire.... »

Si le prévenu a demandé l'audition d'un témoin
à décharge, l'officier de police judiciaire militaire
le fait citer régulièrement.

Ainsi il peut dire :

« Nous avons ensuite entendu le nommé Prê-
» cheur, Auguste, âgé de 34 ans, menuisier à
» Plappeville, qui a été cité à la requête du prévenu
» et qui, hors la présence des autres témoins,
» après avoir représenté la citation à lui donnée. »

Si l'un des témoins se trouvait l'une des personnes spécifiées dans l'article 322 du Code d'instruction criminelle, on modifierait le procès-verbal
d'information de la manière suivante :

« Avons fait comparaître devant nous, en vertu

» de notre cédule en date du 2 septembre, le sieur
» Garnier, Isidore, qualifié ci-dessous, à l'effet de
» faire sa déclaration à la présente information.

« Lequel, hors la présence des autres témoins,
» après avoir représenté la citation à lui donnée,
» avoir entendu la lecture de la commission roga-
» toire relative au sus-nommé Garnier, Alphonse,
» nous ayant déclaré être parent au degré prohibé
» par la loi, n'a pas prêté serment et, interrogé
» par nous sur ses nom, prénoms, âge, état, pro-
» fession et domicile, à répondu se nommer Garnier,
» Isidore, âgé de 23 ans, caporal au 67ᵐᵉ de ligne,
» cantonné à Plappeville, être frère du prévenu et
» a déposé ainsi qu'il suit, répondant aux questions
» portées en ladite commission rogatoire. »

L'officier de police judiciaire militaire peut confronter les témoins entre eux, et l'inculpé avec les
témoins.

Lorsque l'officier de police judiciaire militaire
ne peut entendre les témoins le même jour, il
clôt son procès-verbal et annote sur les citations
des témoins le jour et l'heure auxquels ils devront
se présenter de nouveau.

L'officier de police judiciaire militaire, sans se
préoccuper de l'ordre dans lequel sont placés les
témoins sur la commission rogatoire, à moins que
cette dernière ne prescrive formellement le contraire, entendra de préférence les témoins susceptibles d'être taxés, afin de ne pas être exposé à
les remettre au lendemain et augmenter ainsi les
frais de justice.

L'officier de police judiciaire peut faire citer
toute personne non désignée dans la commission
rogatoire, lorsqu'il le juge utile à la manifestation de la vérité. (Page 70.)

1ᵉʳ CORPS D'ARMÉE   1ʳᵉ DIVISION D'INFANTERIE

FORCE PUBLIQUE   CANTONNEMENT D'UDINE

PLAINTE CONTRE SAINT-BON

L'an mil huit cent quatre-vingt-deux, le vingt septembre, à onze heures du matin;

Devant nous, Martin, Emile, capitaine de gendarmerie commandant la force publique de la 1ʳᵉ division d'infanterie du 1ᵉʳ corps d'armée, officier de police judiciaire militaire, agissant aux termes de l'article 86 du Code de justice militaire, s'est présenté le sieur Bichoff, Henri, âgé de 42 ans, demeurant à Merfeld, où il exerce la profession de menuisier, lequel nous a requis de recevoir et de rédiger la plainte des faits suivants :

« J'ai dû loger pendant plusieurs jours par
» billet de logement le sieur Saint-Bon, musicien
» au 75ᵉ de ligne et dont la femme est cantinière;
» ce matin, après son départ, je me suis aperçu
» que ce militaire m'avait soustrait six couverts
» en argent marqués H. B. »

(Pour faciliter la rédaction, rédiger la plainte en faisant parler le témoin à la première personne et terminer ainsi qu'il suit :)

Lecture faite de sa plainte au comparant, il a dit qu'elle contient toute la vérité et il a signé avec nous à chaque feuillet.

BICHOFF, MARTIN.

Disons que la présente plainte sera transmise avec notre information à M. le général commandant la 1ʳᵉ division d'infanterie du 1ᵉʳ corps.

Fait à Udine, les jour, mois et an que dessus.

MARTIN.

Si le plaignant ne veut ou ne peut pas signer, on termine ainsi : « Et avons signé; le sieur » Bichoff ayant déclaré ne savoir signer (ou ne » pas le vouloir) ».

Nota. — Un plaignant peut se porter partie civile. (Page 52.)

1ᵉʳ CORPS D'ARMÉE   1ʳᵉ DIVISION D'INFANTERIE

FORCE PUBLIQUE   CANTONNEMENT D'UDINE

AFFAIRE SAINT-BON

L'an mil huit cent quatre-vingt-deux, le vingt septembre, à midi ;

Nous, Martin, Émile, capitaine de gendarmerie faisant fonctions d'officier de police judiciaire militaire et agissant aux termes de l'article 86 du Code de justice militaire par suite de la plainte qui nous a été faite ce matin par le sieur Bichoff, nous sommes transporté au cantonnement du 75ᵉ régiment de ligne, où étant, nous nous sommes présenté à M. le colonel commandant ledit regiment pour lui rendre compte de la plainte portée contre le musicien Saint-Bon, et le prier de désigner deux militaires de son régiment pour nous assister dans nos opérations.

Sans désemparer et accompagné de MM. les capitaines Lajus et Feuilleaubois, qui ont reçu l'ordre de leur colonel de nous assister dans nos opérations, nous nous sommes rendu près du musicien Saint-Bon, que nous avons trouvé monté dans sa voiture et occupé à vendre diverses denrées aux soldats du 75ᵉ de ligne.

Nous lui avons posé les questions suivantes :

D. — Quels sont vos nom, prénoms, âge, lieu de naissance, dernier domicile, à quel titre servez-vous?

R. — . . . .
. . . .

D. — Où avez vous couché cette nuit ?

R. — . . . .

D. — Vous êtes accusé par le sieur Bichoff de lui avoir volé six couverts en argent?

R. — C'est faux, je ne possède pas de couverts en argent.

Ayant fait fouiller dans la voiture de l'inculpé et en sa présence, nous y avons trouvé six couverts marqués H. B. , qui ont été reconnus par le sieur Bichoff comme lui appartenant.

Interrogé sur la provenance de ces couverts, le nommé Saint-Bon a refusé de répondre.

Lesdits couverts ont été placés par nos soins dans un sac en toile que nous avons fermé à l'aide d'une corde sans nœuds et aux deux bouts de laquelle nous avons placé une bande de papier fixée à l'aide de cire rouge sur laquelle nous avons appliqué notre sceau et avons signé.

Interpellé de signer avec nous sur cette bande de papier scellant les pièces à conviction, l'inculpé a déclaré ne pas le vouloir.

De tout ce que dessus, avons rédigé le présent procès-verbal en présence de MM. les capitaines Lajus et Feuilleaubois.

Lecture a été faite à l'inculpé de la plainte portée contre lui et du présent procès-verbal ; il a persisté dans ses réponses, a dit qu'elles avaient été fidèlement transcrites et a signé avec nous et les officiers déjà nommés.

SAINT-BON, LAJUS, FEUILLEAUBOIS,
MARTIN.

Attendu qu'il résulte de la présente information que le nommé Saint-Bon, Aristide. musicien au

75° de ligne, s'est rendu coupable, le vingt septembre mil huit cent quatre-ving-deux, d'un vol au préjudice du sieur Bichoff, chez lequel il était logé par billet de logement, crime prévu par l'article 248 du Code de justice militaire ;

Disons que, par nos soins et avec l'autorisation de son chef de corps, le sus-nommé sera mis en état d'arrestation et conduit devant M. le général commandant la 1re division du 1er corps d'armée à qui sont adressées les pièces à conviction et, sous pli cacheté, la plainte du sieur Bichoff et le présent procès-verbal.

Fait et clos à Udine, les jour, mois et an que dessus.

FEUILLEAUBOIS, LAJUS, MARTIN.

Signalement : Taille 1^m60, cheveux et sourcils, etc. . . . .

FORCE PUBLIQUE CANTONNEMENT DE WORMS

AFFAIRE GAUTHIER

L'an mil huit cent quatre-vingt-deux, le premier octobre, à dix heures du matin,

Nous, Guyon, Alfred, capitaine de gendarmerie, commandant la force publique de la 4ᵉ division d'infanterie, officier de police judiciaire militaire, agissant en vertu des articles 83 et 84 du Code de justice militaire, étant pour affaire de service dans la commune de Worms, avons appris qu'un sieur Haltmayer, habitant de ladite commune, avait été assassiné la nuit dernière;

Assisté du maréchal des logis de gendarmerie Mercier, Antoine, désigné par nous pour servir de greffier, duquel nous avons reçu le serment d'en bien et fidèlement remplir les fonctions, nous nous sommes transporté au domicile du sieur Haltmayer, où nous avons trouvé le maire de la commune, M. Metzger, que nous avions fait prévenir et les sieurs Beyer et Roidel; ces derniers nous ont remis un individu qu'il avaient garotté et qu'ils nous ont désigné comme étant l'auteur du crime.

Interpellé sur son indentité, cet individu nous a déclaré se nommer Gauthier, Isidore, âgé de 35 ans, négociant, suivant l'armée en vertu d'une permission; puis, en la présence dudit Gauthier, du maire et des gendarmes Laloé et Durand, qui avaient la garde de l'inculpé, nous avons procédé ainsi qu'il suit à la constatation du crime.

Dans la chambre à coucher, nous avons trouvé e sieur Haltmayer. . . . . ; par nous requis de rechercher les causes de la mort du sieur Haltmayer, MM. Baumetz et Delor, médecins militaires au 120° de ligne, ont prêté entre nos mains le serment d'en faire le rapport en leur âme et conscience, nous affirmant en outre qu'il n'étaient parents, ni alliés de l'inculpé.

L'examen terminé, il nous ont déclaré que le sieur Haltmayer avait été frappé d'un coup de poignard dans la région du cœur; en conséquence, nous avons chargé lesdits docteurs de rédiger de leurs opérations un procès-verbal détaillé qui sera joint aux pièces de la procédure après avoir été visé par nous.

Continuant nos investigations, nous avons trouvé derrière un meuble un couteau-poignard encore ensanglanté; les docteurs Baumetz et Delor, à qui nous avons présenté cette arme, ont déclaré qu'elle avait servi à commettre le crime.

Le constat des lieux étant terminé, lecture a été faite à l'inculpé du présent procès-verbal, il a signé avec nous, notre greffier, monsieur le maire et les gendarmes Laloé et Durand, qui ont assisté à nos opérations.

Gauthier, Durand, Laloé,
Metzger, Mercier, Guyon.

AFFAIRE GAUTHIER

Nous avons ensuite reçu les déclarations des personnes présentes ayant des renseignements à nous donner; ces témoins ne s'exprimant pas en français, nous les avons entendus séparément et hors la présence du prévenu par l'intermédiaire du brigadier Fischer, Philippe, âgé de 40 ans, lequel a prêté serment de bien et fidèlement remplir les fonctions d'interprète et a déclaré en outre n'être parent, ni allié, ni serviteur des parties.

DÉPOSITION DU TÉMOIN BEYER

Le premier témoin a dit se nommer Beyer, Jacques, âgé de 25 ans, cordonnier, demeurant à Geradmer; puis, après avoir prêté serment de dire toute la vérité, rien que la vérité, il nous a déclaré n'être domestique, parent, ni allié des parties et, hors la présence du prévenu et des autres témoins, il a déposé comme il suit :

« Ce matin, à huit heures, passant avec Roidel
» devant la maison du sieur Haltmayer, j'ai
» entendu crier « à l'assassin » et au même mo-
» ment, la porte de la maison s'est ouverte brus-
» quement et un homme s'est enfui ; je me suis
« mis à sa poursuite. . . . . »

Lecture a été faite au témoin de sa déposition; il a déclaré y persister et a signé avec nous, le greffier, M. le maire et l'interprète.

Beyer, Fischer, Metzger,
Mercier, Guyon.

AFFAIRE GAUTHIER

DÉPOSITION DU TÉMOIN ROIDEL

Lecture a été faite . . . .

ROIDEL, METZGER, FISCHER,
MERCIER, GUYON.

AFFAIRE GAUTHIER

DÉPOSITION DU TÉMOIN BERKEIM

Le troisième témoin a dit se nommer Berkeim, Jules, domestique, demeurant à Worms ; puis après avoir prêté serment de dire toute la vérité, rien que la vérité et avoir déclaré n'être parent, allié, mais domestique du sieur Haltmayer, il a déposé comme il suit, hors la présence du prévenu et des autres témoins :

« Ce matin, vers huit heures, l'individu qui
» était garotté a demandé à parler à mon maître ;
» je l'ai introduit dans son cabinet de travail,
» quelques instants après, j'ai entendu qu'on se
» disputait à propos d'une somme d'argent que
» mon maître ne voulait pas prêter . . . . . .
» . . . .

Lecture a été faite au témoin de. . . . . .
Berkeim, Fischer, Metzger,
Mercier, Guyon.

AFFAIRE GAUTHIER

INTERROGATOIRE DE L'INCULPÉ

Sans désemparer, nous avons procédé à l'interrogatoire de l'inculpé.

D. — Vous avez déclaré tout à l'heure vous nommer Gauthier ?

R. — Oui.

D. — Que faisiez-vous ce matin à Worms ?

R. — Je fais le commerce des vins et je suis l'armée en vertu d'une permission qui m'a été accordée par le général commandant le 2° corps d'armée. Le sieur Haltmayer m'ayant refusé de l'argent que je voulais lui emprunter. . . . . .

. . . .

D. — Reconnaissez-vous ce couteau-poignard comme vous appartenant ?

R. — Oui.

Une étiquette a été scellée sur ledit couteau-poignard avec de la cire ; sur cette étiquette nous avons porté la mention suivante : « *pièce à conviction, affaire Gauthier* », puis nous avons signé, ainsi que notre greffier et l'inculpé.

Lecture a été faite à l'inculpé de son interrogatoire, a dit ses réponses fidèlement transcrites, y persister, mais s'est refusé à signer sans nous en faire connaître le motif ; nous avons alors signé, ainsi que notre greffier, M. le maire et les gendarmes Laloé et Durand qui ont assisté à l'interrogatoire.

Laloé, Durand, Metzger,
Mercier, Guyon.

Lecture a été faite à l'inculpé des dépositions des témoins ; il a déclaré n'avoir aucune observation à faire, puis a signé avec nous, notre greffier, M. le maire et les gendarmes Laloé et Durand.

Laloé, Durand, Gauthier, Metzger,
Mercier, Guyon.

Attendu qu'il résulte de la procédure instruite par nous que le nommé Gauthier, Isidore, âgé de 35 ans, marchand à la suite de l'armée en vertu d'une permission, et justiciable des conseils de guerre en vertu de l'article 62 du Code de justice militaire, s'est rendu coupable de meurtre, crime prévu par l'article 295 du Code pénal.

Disons qu'il sera conduit devant M. le général commandant la 4me division du 2me corps d'armée, à qui seront adressées, sous pli cacheté, toutes les pièces de l'information, après avoir été signées à chaque feuillet par nous, notre greffier, M. le maire de Worms, les gendarmes Laloé et Durand, aux feuilles relatant les opérations auxquelles ils ont assisté.

Les pièces à conviction seront portées au greffe du conseil de guerre de la division.

Fait et clos à Worms, les jour, mois et an que dessus.

Metzger, Mercier, Guyon.

Signalement : Taille, 1m 70 ; cheveux et sourcils bruns.

Si l'inculpé est en fuite, il est décerné contre lui un mandat d'amener ; s'il est arrêté pendant l'information, l'officier de police judiciaire militaire procède tout d'abord à son interrogatoire et lui donne connaissance de tout ce qui a été fait.

A l'armée, si l'officier de police judiciaire mili-
litaire ne trouve aucune autorité pour l'assister, il
est passé outre et mention en est faite dans le procès-verbal. (M. 153.)

La lecture à l'inculpé des procès-verbaux relatant les dépositions des témoins est réservée au
rapporteur; mais, en campagne, où il importe
d'abréger le travail de ce magistrat, l'officier de
police judiciaire militaire devra remplir cette formalité et le constater. (Page 50.)

3ᵉ CORPS D'ARMÉE   5ᵉ DIVISION D'INFANTERIE

SOUS-INTENDANCE MILITAIRE

RÉQUISITOIRE

Nous, Périn, Charles, sous-intendant militaire de 2ᵐᵉ classe, requérons, aux termes de l'article 85 du Code de justice militaire, le maréchal des logis de gendarmerie Drapier, officier de police judiciaire militaire, commandant provisoirement la force publique de la division, de procéder à une information contre les nommés Philippont, Hyacinthe, soldat infirmier, et Pénaster, Auguste, domestique, qui, tous deux employés à l'ambulance de la division, sont soupçonnés de vol de linge au préjudice de l'Etat.

Invitons ce magistrat à nous transmettre tous actes et procès-verbaux dressés en exécution du présent réquisitoire.

Fait à Barr, le 2 octobre 1882.

Périn.

3ᵉ CORPS D'ARMÉE   5ᵉ DIVISION D'INFANTERIE

FORCE PUBLIQUE   CANTONNEMENT DE BARR

AFFAIRE PHILIPPONT ET PÉNASTER

Cejourd'hui, deux octobre mil huit cent quatre-vingt-deux, à quatre heures du soir.

Nous, Drapier, Jean-Baptiste, maréchal des logis de gendarmerie commandant provisoirement la force publique de la 5ᵐᵉ division d'infanterie du 3ᵐᵉ corps d'armée, procédant comme officier de police judiciaire militaire en vertu du réquisitoire ci-joint, nous sommes transporté à l'ambulance de la division, située à Phalsbourg.

Etant accompagné par l'adjudant d'administration Georget et le sergent Pierron, désignés par M. le sous-intendant pour nous assister, nous avons été conduit dans la chambre où le vol a été commis.

Là, en présence de l'inculpé Philippont, l'autre n'ayant pu être trouvé, nous avons constaté qu'une armoire renfermant le linge de l'ambulance avait été fracturée . . . . .

Ce constat terminé, nous avons clos le présent procès-verbal que nous avons signé les jour, mois et an que dessus avec l'inculpé, l'adjudant Georget, le sergent Pierron et le gendarme Walle qui nous ont assisté dans notre opération.

Philippont, Walle, Pierron.
Georget, Drapier,

INTERROGATOIRE DE PHILIPPONT

Sans désemparer, et pour nous conformer à la loi, nous avons interrogé sur-le-champ l'inculpé Philippont.

D. — Quels sont vos nom, prénoms, âge, lieu de naissance, profession et domicile avant votre entrée au service et à quel titre servez-vous ?

R. — . . . .

. . . .

D. — Vous êtes accusé d'avoir volé . . . .

R. — C'est Pénaster qui a fracturé l'armoire .

. . . .

Lecture a été faite à l'inculpé de son interrogatoire ; il a dit ses réponses fidèlement transcrites, qu'elles contiennent la vérité, y persister et a signé avec nous, l'adjudant Georget, le sergent Pierron et le gendarme Walle qui ont assisté à l'interrogatoire.

Philippont, Walle, Georget.
Pierron, Drapier.

AFFAIRE PHILIPPONT ET PÉNASTER

DÉPOSITION DU TÉMOIN PETIT

Toujours assisté de l'adjudant Georget et du sergent Pierron, nous avons ensuite entendu les personnes présentes ou ayant des renseignements à donner ; pensant de plus que l'information serait longue, nous avons désigné le brigadier de gendarmerie Brassard, Louis, âgé de 30 ans, pour nous servir de greffier, auquel nous avons fait préalablement prêter serment d'en bien et fidèlement remplir les fonctions.

Le premier témoin, hors la présence de l'inculpé et des autres témoins, après avoir prêté serment de dire toute la vérité et rien que la vérité, interrogé par nous sur ses nom, prénoms, âge, état, demeure, s'il est parent, allié ou domestique des parties, a déclaré ce qui suit :

Je me nomme Petit, Jules, 23 ans, caporal-infirmier détaché à l'ambulance de la 5° division, et ne suis domestique, parent, ni allié des parties.

D. — Que savez-vous sur le vol commis à l'ambulance ?

R. — Hier soir, une armoire renfermant du linge appartenant à l'Etat a été fracturée et l'on a pris douze serviettes marquées A. 5. D. et cinq paires de draps marqués de la même manière ; ce linge m'avait été confié pour le service de ma salle.

Mes soupçons se portent sur le soldat-infirmier Philippont et sur le nommé Pénaster, Auguste, qui est employé à l'ambulance comme domestique et qui demeure dans la rue de Metz, n° 3. . . .

. . . .

Le témoin nous a remis l'inventaire de tout le linge volé, lequel inventaire, après avoir été signé *ne varietur* par lui, le greffier et nous, sera joint à la présente déposition.

Lecture a été faite au témoin Petit de sa déposition, a dit qu'elle contient la vérité, qu'il y persiste et a signé avec nous, le greffier, l'adjudant Georget et le sergent Pierron, approuvant la rature de trois mots rayés nuls.

Petit, Georget, Pierron,
Brassard, Drapier.

AFFAIRE PHILIPPONT ET PÉNASTER

Visite domiciliaire et recherches faites dans le domicile de l'inculpé Pénaster.

Aujourd'hui deux octobre mil huit cent quatre-vingt-deux, à cinq heures du soir,

Nous, Drapier, Jean-Baptiste, officier de police judiciaire militaire, continuant l'information faite à la suite du vol commis au préjudice de l'Etat, attendu que le sieur Pénaster n'a pu être trouvé par la gendarmerie et que de graves soupçons pèsent sur cet individu ;

Disons que nous nous transportons à son domicile, rue de Metz, nº 3, à l'effet de procéder à une perquisition et de saisir tout le linge provenant du vol dont il s'agit.

Y étant, en présence du prévenu Philippont et assisté de notre greffier seulement, M. le maire de Barr ayant refusé de se rendre à l'invitation qui lui a été faite, nous avons procédé immédiatement à une perquisition, laquelle a donné les résultats suivants :

Dans une armoire fermée à clef et ouverte par le sieur Hoff, Maxime, serrurier par nous requis, nous avons trouvé et saisi des serviettes et des draps marqués A. 5. D, qui ont été reconnus par l'inculpé Philippont comme étant ceux soustraits à l'ambulance.

Le linge a été par nos soins placé dans un sac en toile. . . . .

De ce que dessus nous avons dressé le présent procès-verbal dont lecture a été faite à Philippont lequel a signé avec nous, notre greffier et le gendarme Walle, qui chargé de la garde de l'inculpé, a assisté à la visite domiciliaire.

Philippont, Walle, Brassard, Drapier.

Attendu qu'il résulte de la procédure instruite par nous preuve évidente que le nommé Pénaster, employé à l'ambulance, justiciable des conseils de guerre en vertu de l'article 62 du Code de justice militaire, s'est rendu coupable de vol au préjudice de l'Etat; attendu qu'il y a flagrant délit, nous avons décerné contre lui un mandat d'amener.

En raison de l'heure avancée, nous avons remis à demain la continuation de notre information, avons fait reconduire à la prison de son détachement le soldat Philippont et avons clos, sous notre signature et celle du greffier, le présent procès-verbal d'information, les jour, mois et an que dessus, à sept heures du soir.   Brassard, Drapier.

AFFAIRE PHILIPPONT ET PÉNASTER

INTERROGATOIRE DE PÉNASTER

L'an mil huit cent quatre-vingt-deux, le trois octobre, à sept heures du matin.

Nous, Drapier, Jean-Baptiste, officier de police judiciaire militaire, continuant l'information faite hier à la suite d'un vol de linge commis au préjudice de l'Etat, nous sommes rendu à l'ambulance de la 5° division où, toujours assisté du brigadier Brassard comme greffier et en présence de l'adjudant Georget et du sergent Pierron, nous avons fait comparaître devant nous le nommé Pénaster, qui a été arrêté pendant la nuit par la prévôté, et, hors la présence de l'autre inculpé, nous lui avons posé les questions suivantes :

D. — Quels sont vos nom. . . . .

R. — Je me nomme Pénaster, Auguste, journalier, demeurant rue de Metz, n° 3.

D. — N'avez-vous pas été employé à l'ambulance ?

R. — Non.

Nous donnons l'ordre d'introduire le caporal Petit qui, interpellé sur l'identité de l'individu que nous lui présentons, répond en ces termes :

« C'est bien Pénaster, Auguste, qui a été employé
« à l'ambulance comme domestique ; seulement,
« il s'est fait couper la barbe et les cheveux. »

Nous posons alors la question suivante à l'inculpé.

D. — Reconnaissez-vous avoir été employé à l'ambulance ?

R. — Oui.

Le témoin Petit s'étant retiré, nous continuons comme il suit l'interrogatoire de l'inculpé :

D. — Reconnaissez-vous être l'auteur du vol de linge commis à l'ambulance ?

R. — Non.

Nous donnons lecture à l'inculpé du procès-verbal relatant la visite domiciliaire faite chez lui, puis nous lui posons la question suivante :

D. — Qu'avez-vous à dire ?

R. — J'avoue être l'auteur, mais j'ai été aidé par le soldat-infirmier Philippont.

D. — Qui a fracturé l'armoire ?

R. — C'est Philippont.

Lecture a été donnée à l'inculpé de son interrogatoire ; il a dit ses réponses fidèlement transcrites, y persister et a signé avec nous, notre greffier, l'adjudant Georget, le sergent Pierron, le gendarme Varin qui, chargé de la garde de l'inculpé, a assisté à l'interrogatoire, ainsi que le caporal Petit, mais pour la confrontation seulement.

Pénaster, Petit, Varin, Georget,
Pierron, Bernard, Drapier.

CONFRONTATION DES INCULPÉS PHILIPPONT ET
PÉNASTER

Continuant notre information et toujours assisté du même greffier et des militaires déjà désignés, nous avons fait introduire les deux inculpés et leur avons posé à chacun la question suivante :

Demande à Pénaster. — Qui a fracturé l'armoire?

R. — C'est Philippont.

Demande à Philippont. — Qui a fracturé l'armoire ?

R. — C'est Pénaster, qu'on demande à mon camarade Baudin qui doit savoir quelque chose.

Lecture a été faite aux deux inculpés de leur nouvel interrogatoire, ils ont dit. . . . . . .

Pénaster, Philippont, Varin, Georget,
Pierron, Brassard, Drapier.

AFFAIRE PHILIPPONT ET PÉNASTER

DÉPOSITION DE BAUDIN

Nous avons immédiatement procédé à l'audition du soldat Baudin, qui a été invité à déposer ; nous l'avons interrogé hors la présence des inculpés et des autres témoins ; après lui avoir. fait prêter serment de dire toute la vérité, rien que la vérité, nous lui avons adressé les questions suivantes :

D. — Quels sont vos nom, prénoms, âge et lieu de naissance ; dans quel corps servez-vous ; êtes-vous parent, allié ou domestique des parties ?

R. — Je me nomme Baudin. . . . .

D. — Qui a fracturé l'armoire ?

R. — C'est Pénaster, mais Philippont lui a procuré une barre de fer pour fracturer l'armoire et il a fait le guet ; j'ai très bien vu par une porte entrebâillée.

Lecture faite au témoin. . . . . . .

Baudin, Georget, Pierron,
Brassard, Drapier.

Attendu qu'il résulte de la procédure instruite par nous, cejourd'hui, preuve suffisante que les nommés Philippont, Hyacinthe, soldat-infirmier et Pénaster, Auguste, domestique employé à l'ambulance de la 5e division, tous les deux justiciables des conseils de guerre en vertu de l'article 62 du Code de justice militaire, se sont rendus coupables, de complicité, d'un vol de linge au préjudice de l'Etat, crime prévu par l'article 248 du Code précité, disons que les sus-nommés seront mis en

état d'arrestation pour rester à la disposition de
M. le général commandant la 5° division du 3°
corps d'armée.

Le nommé Pénaster a été conduit à la prison
de ladite division.

Le soldat Philippont a été laissé à la garde
de M. le sous-intendant militaire Périn, qui
nous a requis de faire la présente information et
à qui seront transmises toutes les pièces sous pli
cacheté, après avoir été signées par nous à chaque
feuillet et par notre greffier, l'adjudant Georget,
le sergent Pierron, les gendarmes Valle et Varin,
aux feuillets relatant les opérations auxquelles
chacun d'eux a assisté.

Quant aux pièces à conviction, nous les conser-
vons en raison de leur volume pour être adressées
à qui de droit lorsque nous en recevrons l'ordre.

Fait et clos à Barr, les jour, mois et an que
dessus.

Georget, Pierron, Brassard, Drapier.

Et cejourd'hui trois octobre mil huit quatre-
vingt-deux, à neuf heures du matin, nous, officier
de police judiciaire susdit et soussigné, assisté du
même greffier, avons fait comparaître de nouveau
les nommés Philippont et Pénaster, d'autre part
qualifiés, et avons donné lecture à chacun d'eux
séparément des dépositions des témoins et des
procès-verbaux dont ils n'avaient pas encore connaissance; les deux inculpés ont déclaré n'avoir
aucune observation à faire puis ils ont signé avec
nous, notre greffier, l'adjudant Georget, le sergent
Pierron, les gendarmes de service Valle et Varin.

Pénaster, Philippont, Georget, Pierron,
Valle, Varin, Brassard, Drapier.

SIGNALÉMENTS :

1º Philippont, Hyacinthe, soldat-infirmier à.
. . . , taille 1^{m}65, cheveux et sourcils. .

2º Pénaster, Auguste, journalier, demeurant à
. . . , taille 1^{m}68, cheveux et sourcils. . .

DES CRIMES, DES DÉLITS ET DES CONTRAVENTIONS

Nous avons étudié précédemment la compétence des conseils de guerre, occupons-nous maintenant des infractions qui sont jugées par ces tribunaux.

On peut les diviser en deux catégories :

1° Les crimes et délits de droit commun, c'est-à-dire prévus par les lois pénales ordinaires ;

2° Les crimes et délits prévus par le Code de justice militaire et qui, pour la plupart, sont des manquements au devoir militaire.

Pour les premiers, les juges militaires font l'application des lois pénales ordinaires, nous n'avons pas à nous en occuper, la gendarmerie ayant l'habitude de les constater.

Nous citerons textuellement les articles du Code de justice militaire qui traitent des seconds ; nous ne saurions trop recommander aux officiers de police judiciaire militaire de faire ressortir dans leur information les circonstances générales ou particulières qui ont précédé, entouré, ou suivi les crimes et les délits, parce que ces circonstances peuvent modifier en plus ou en moins la culpabilité de l'inculpé. S'il y a plusieurs délinquants, ils doivent aussi faire préciser par les témoins le rôle que chacun d'eux a joué.

Ce qui précède nous conduit à dire quelques mots des excuses, des circonstances atténuantes, des circonstances aggravantes, de la tentative des crimes et des délits, et enfin de la complicité.

EXCUSES

Les excuses sont des faits précis déterminés par le législateur qui, tout en laissant subsister la culpabilité, entraînent une exemption ou une atténuation de la peine.

On distingue les excuses absolutoires qui ont pour conséquence une exemption de peine, et les excuses atténuantes qui ont seulement pour effet de la diminuer.

Les principaux cas où la loi exempte de peine sont : le vol entre époux, ou autres parents ou alliés en ligne directe (P. 280), le recel du coupable d'un crime emportant peine afflictive de la part de certains parents ou alliés du criminel recélé. (P. 248.)

L'évasion de détenus par suite de la négligence de leurs gardiens, si les évadés sont repris ou représentés dans les quatre mois de l'évasion, sans toutefois qu'ils soient arrêtés pour d'autres crimes ou délits commis postérieurement. (P. 247.)

Les excuses même absolutoires, supposant la culpabilité, il ne faut pas les confondre avec les causes de non-imputabilité (démence) et avec les causes de justification (légitime défense, ordre de la loi ou de l'autorité légitime) qui sont des cas de non-culpabilité.

Les excuses atténuantes, à la différence des excuses absolutoires, sont les unes générales, les autres spéciales à telle ou telle infraction ;

Les excuses atténuantes générales sont : la minorité de 16 ans, et la provocation.

La provocation n'excuse que le meurtre, les blessures et les coups ; en effet, ces divers crimes ou délits sont excusés par le Code pénal dans les circonstances suivantes :

1e S'il ont été provoqués par des coups et violences graves envers les personnes (P. 321) soit envers le délinquant, soit envers d'autres personnes qui lui sont chères.

2º Si le meurtre ou les blessures résultant de la castration ont été provoqués immédiatement par un outrage violent à la pudeur. (P. 325.)

3º S'ils ont été commis en repousssant pendant le jour l'escalade ou l'effraction des clôtures, murs ou entrée de maison ou d'un appartement habité ou de leurs dépendances (P. 322) (pendant la nuit, ce serait un cas de légitime défense ; il n'y aurait pas de culpabilité (P. 329) ; de même si le fait avait lieu en se défendant contre les auteurs de vols ou de pillage exécutés avec violence).

En dehors de la minorité de seize ans et de la provocation qui sont des excuses présentant un caractère de généralité, nous trouvons dans le Code pénal plusieurs excuses atténuantes spéciales, c'est-à-dire applicables à telle ou telle infraction en particulier. Nous renvoyons, pour ces sortes d'excuses, aux articles 135, 284, 285, 288, 343 et 441 du Code pénal.

CIRCONSTANCES ATTÉNUANTES

Les circonstances atténuantes sont des faits indéterminés, complétement abandonnés à l'appréciation des juges et qui, variables dans chaque cause, ont pour objet de modifier la culpabilité individuelle et de dominer en conséquence la peine à appliquer.

Le défaut d'intention criminelle, l'excuse de bonne foi, la faiblesse d'esprit, l'idiotisme, quand il ne va pas jusqu'à l'aliénation mentale, peuvent être rangés au nombre des circonstances atténuantes.

CIRCONSTANCES AGGRAVANTES

Les circonstances aggravantes sont des faits accessoires qui viennent se joindre à l'infraction pour en augmenter la criminalité.

En droit commun, la récidive de crime est une circonstance aggravante (P. 56); elle n'est considérée comme telle dans le Code de justice militaire que pour la désertion. (M. 232 et 236.)

La qualité de fonctionnaire ou officier public, lorsque le fonctionnaire ou officier public a participé aux crimes ou aux délits de police correctionnelle qu'il était chargé de surveiller ou de réprimer, est encore une circonstance aggravante. (P. 198.)

Les circonstances aggravantes relatives à telle ou telle infraction sont nombreuses et variées.

Nous citerons particulièrement, dans le meurtre, les circonstances de préméditation ou de guet-apens; dans le vol, les circonstances : de nuit, de pluralité d'agents, de port d'armes, d'effraction, d'escalade, de fausses clefs, de maison habitée, de violences, de chemins publics, ou la circonstance que le délinquant était un domestique, un homme de service à gage ou hôtelier (P. 384 à 386), dans le vol de deniers, la qualité de comptable; dans la désertion, la circonstance d'emport d'effets ou de service.

TENTATIVE

La tentative consiste dans des actes d'exécution qui n'ont cependant pas produit le mal constitutif du crime ou du délit.

Tentative de crimes. — L'article 2 du Code

pénal est ainsi conçu : « Toute tentative de crime
» qui aura été manifestée par un commencement
» d'exécution, si elle n'a pas été suspendue ou si
» elle n'a manqué son effet que par des circons-
» tances indépendantes de la volonté de son auteur,
» est considérée comme le crime même. »

Il résulte de cet article :

1° Que la tentative punissable a son point de
départ dans un commencement d'exécution. La
question de savoir s'il y a ou non commencement
d'exécution est un point abandonné à l'appréciation des juges. On ne devra pas considérer comme
des actes d'exécution : le fait de se munir d'échelles,
d'armes, de fausses clefs, le fait d'armer un fusil
et de se mettre en embuscade. Ces cas ne peuvent
en tout cas constituer la tentative soit d'un vol
avec escalade, ou effraction, ou fausses clefs, soit
de meurtre ou d'assassinat.

L'introduction furtive de l'accusé dans une
maison habitée, même pendant la nuit et à l'aide
d'escalade, ne constitue pas une tentative de vol
parce qu'il n'y a pas encore là de commencement
d'exécution. Il faut pour cela qu'il ait saisi ou
voulu soustraire quelques objets ou qu'il ait pra-
tiqué l'ouverture des meubles ou armoires qui les
renfermaient. (Cassation, 29 avril 1843.)

Mais, s'il y a eu effraction extérieure, cette circonstance peut constituer un délit de bris de clôture ou de violation de domicile quand elle a été
commise dans un lieu habité. (Cassation, 23 septembre 1825.)

Au contraire, on verra des actes d'exécution dans
le fait par l'agent, en cas d'incendie, d'avoir mis le
feu à des matières inflammables, en cas d'homicide
d'avoir tiré sur la victime.

Pol. Jud. 6.

2° Que la tentative est punissable lorsqu'elle a été suspendue ou lorsqu'elle a manqué son effet par des circonstances indépendantes de la volonté de l'auteur ;

3° Qu'en conséquence, la tentative suspendue par la volonté de l'auteur n'est pas punissable.

4° Que la tentative du crime est punie comme le crime même.

D'après la disposition de l'article 3 du Code pénal, les tentatives de délits ne sont considérées comme délits que dans les cas déterminés par une disposition spéciale de la loi.

Les cas où, par exception, les tentatives de délits de police correctionnelle sont frappées comme le délit même par le Code pénal, sont : la tentative d'évasion de détenus (P. 241 et 245), les tentatives de vols (P. 388 et 401), les tentatives d'escroqueries (P. 405), les tentatives de cessation concertée de travail par violences, voies de fait, menaces ou manœuvres frauduleuses (articles 414 et 415 d'après la nouvelle loi du 26 mai 1864).

Il est à remarquer que le Code de justice militaire ne prévoit la tentative de délit d'une manière expresse que dans deux cas : en matière de corruption de fonctionnaire (M. 261) et en matière de fraude sur le recrutement (M. 270).

La loi ne reconnaît pas la tentative de contravention.

DE LA COMPLICITÉ

Il peut arriver que plusieurs agents se trouvent unis dans une même infraction et qu'ils aient tous à en répondre ; lorsque cette situation se présente, on dit dans un sens général qu'il y a complicité pour exprimer l'idée d'un lien qui unit plusieurs agents dans l'infraction et qui doit les unir dans le châtiment.

Dans le Code pénal, le mot complice prend une signification plus spéciale, il distingue en effet les divers participants à une même infraction en deux classes ; les auteurs et les complices.

Par auteurs, il entend ceux qui ont exécuté les faits matériels tendant à la production directe du préjudice causé par l'infraction ; par exemple ceux qui, en cas d'homicide ou de coups et bles--sures, ont frappé la victime, ou ceux qui, en cas d'incendie, ont mis le feu aux objets à brûler, ou en cas de vol, ont porté la main sur les objets à soustraire, ou bien encore : ceux qui ont tenu la victime pour l'empêcher de se défendre, ceux qui ont placé des matières inflammables destinées à l'incendie.

Quand il y a plusieurs auteurs, on dit qu'ils sont coauteurs.

Par complices, le Code désigne tous les participants autres que les auteurs qui ont joué dans l'infraction un certain rôle, sans en avoir été les agents matériels et directement producteurs.

L'article 60 du Code pénal énumère limitativement les cas de complicité ; il considère comme complices : les provocateurs qui par dons, promesses, menaces, abus d'autorité ou de pouvoir, machinations ou artifices coupables ont été la cause première de l'infraction ; ceux qui ont procuré des armes, des instruments ou tout autres moyens, notamment des vêtements dans un but de déguise ment, ayant servi à commettre l'infraction ; ceux qui ont donné des instructions pour la commettre ; ceux qui ont tenu l'échelle, ou gardé les issues, ou fait le guet ; les imprimeurs d'un écrit délictueux, les témoins d'un duel.

Une remarque importante à faire, c'est que la complicité n'est incriminée qu'autant que les actes qui la constituent ont été fait sciemment.

Aussi, l'article 60 énonce-t-il expressément cette condition dans les deux derniers paragraphes par les termes suivants : Sachant avec connaissance.

Quant aux provocateurs et à ceux qui ont donné des instructions pour commettre l'action coupable, leur qualité suppose nécessairement qu'ils ont agi avec connaissance de cause.

Il faut soigneusement distinguer si deux individus ayant pris part à un fait délictueux sont des coauteurs ou codélinquants, ou si, au contraire, l'un d'eux seulement est auteur et l'autre complice.

En cas de vol, par exemple, la circonstance qu'il y a plusieurs coauteurs ou codélinquants est une circonstance aggravante qui, réunie à une autre circonstance, notamment à celle de chemins publics ou de lieu habité fait dégénérer le vol en un crime ; au contraire, dans le cas où on ne connaîtrait qu'un auteur ou complice, le vol ne serait pour l'un et pour l'autre qu'un délit.

Pour qu'un complice soit poursuivi, il n'est pas nécessaire que l'auteur principal de l'infraction soit présent, il suffit qu'elle soit constatée.

Deux cas sont assimilés par le Code pénal à la véritable complicité.

Le premier de ces cas, prévu par l'article 61, est relatif à ceux qui, connaissant la conduite criminelle de malfaiteurs exerçant des brigandages ou des violences, leur fournissent habituellement logement, lieu de retraite ou de réunion.

Ce cas ressemble à la complicité en ce que les personnes qui donnent un asile habituel à des malfaiteurs dont il connaissent la conduite criminelle, sont considérées comme leur ayant fourni les moyens de commettre leurs brigandages.

Il s'éloigne de la véritable complicité en ce que ces personnes sont punies comme complices de crimes ou de délits même ignorés d'elles. Leur responsabilité n'est pas subordonnée à la connaissance d'une infraction déterminée, mais à la conduite, en général, des malfaiteurs.

Pour qu'il y ait lieu à l'application des règles de la complicité, il faut :

1° Qu'il y ait eu connaissance de la part de logeurs de la conduite criminelle des malfaiteurs ;

2° Que ceux-ci se rendent coupables de brigandages ou de violences, ce qui exclut ceux qui se rendent coupables de filouteries, d'escroqueries, de vols simples, etc. ;

3° Que le fait de donner asile ait été habituel.

Le second cas assimilé à la complicité est celui du recel.

L'article 62 du Code pénal punit comme complice : « ceux qui, sciemment, ont recélé en tout » ou en partie des choses enlevées, détournées ou » obtenues à l'aide d'un crime ou d'un délit ».

L'assimilation du recel à la complicité ne s'applique pas seulement au cas de recel de choses volées, mais au recel de choses soit enlevées, soit détournées à l'aide d'un crime ou d'un délit.

Ces dernières expressions ont en vue : soit les soustractions par fraude ou par violence, soit les abus de confiance ou les détournements, soit les escroqueries ou les fabrications en fraude, en un mot tous les crimes ou délits dont les bénéfices illicites peuvent être mis à couvert par le receleur.

Peu importe à quel titre le recel a eu lieu : soit à titre de dépôt, soit à titre d'achat, soit à titre gratuit ; mais il faut, comme le dit l'article, et conformément aux principes, que le recel ait eu lieu sciemment. Ne sont pas considérés comme faits de complicité, mais bien comme faits distincts, et constituant des délits distincts, ceux d'achat et de recel d'effets militaires, faits et délits distincts de vente ou de soustraction par le militaire. (M. 247.)

Dans le cas où le vol n'est pas punissable par suite de certaines relations de parenté ou d'alliance entre le voleur et la victime, la loi réserve expressément l'application de la peine du vol au receleur.

CONNEXITÉ

Il ne faut pas confondre la complicité dont nous venons de parler avec la connexité.

La complicité suppose un seul fait délictueux et plusieurs agents, la connexité n'existe qu'autant qu'il y a plusieurs infractions, soit à la charge d'un seul agent, soit à la charge de plusieurs agents.

Les principaux cas de connexité sont énoncés dans le Code d'instruction criminelle (Article 227) : « Les crimes ou délits sont connexes soit lorsqu'ils » ont été commis en même temps par plusieurs per- » sonnes réunies, soit lorsqu'ils ont été commis par » différentes personnes même en différents temps ou » divers lieux, mais par suite d'un concert formé à » l'avance entre elles, soit lorsque les coupables ont » commis les uns pour se procurer les moyens de

» commettre les autres, pour en faciliter, pour en
» consommer l'exécution ou pour en assurer l'im-
» punité. »

OBSERVATIONS. Les règles de droit commun concernant la tentative de crime ou de délit, la complicité, les cas d'excuses sont applicables devant
les tribunaux militaires, sauf les dérogations prévues par le Code de justice militaire. (M. 202.)

DES PEINES CRIMINELLES

L'article 185 du Code de justice militaire est
ainsi conçu :

« Les peines qui peuvent être appliquées par
» les tribunaux militaires en matière de crime,
» sont :
» La mort ;
» Les travaux forcés à perpétuité ;
» La déportation ;
» Les travaux forcés à temps ;
» La détention ;
» La réclusion ;
» Le bannissement ;
» La dégradation militaire. »

Toute infraction punie par une des peines énumérées en l'article ci-dessus est un crime.

DES PEINES CORRECTIONNELLES

Article 186.

« Les peines en matière de délit, sont :
» La destitution ;
» Les travaux publics ;
» L'emprisonnement ;
» L'amende. »

Toute infraction punie par une des peines énumérées en l'article ci-dessus est un délit.

Cette distinction est essentielle puisque la
tentative de crime est punissable tandis que la
tentative de délit n'est repréhensible que dans
quelques cas seulement.

Les travaux publics sont une peine exclusive-
ment militaire.

La durée de l'emprisonnement est de 6 jours au
moins et de 5 ans au plus. (M. 194.)

Lorsque les lois prononcent la peine de l'amende,
les tribunaux militaires peuvent remplacer cette
peine par un emprisonnement de six jours à six
mois. (M. 195.)

Observations. — En cas de complicité d'un militaire avec un non-militaire, le tribunal compétent fait l'application à chaque coupable de la loi
pénale qui le régit particulièrement, à moins
qu'une disposition expresse de la loi n'en ait
ordonné autrement. (M. 196,268.)

Il y a forcément lieu de remplacer, pour les
individus non-militaires condamnés par les conseils de guerre (M. 268, 269), les peines purement
militaires édictées par le Code militaire par des
peines de droit commun : la dégradation militaire
est remplacée par la dégradation civique, la destitution et les travaux publics, par un emprisonnement de un an à cinq ans. (M. 197.)

Pour faire l'application de l'article 60 du Code
de justice militaire, il est nécessaire que l'officier
de police judiciaire puisse distinguer entre deux
peines quelle est la plus forte.

Il devra se déterminer par les considérations
suivantes :

1° Les peines criminelles sont plus fortes que
les peines correctionnelles.

2º Dans chaque ordre de peines, il faut suivre les degrés de l'échelle indiqués par les articles 7 et 8 du Code pénal pour les peines criminelles et 9 pour les peines correctionnelles, sans qu'il y ait à s'inquiéter de la durée dans les peines des différents degrés.

3º Entre peines du même degré, la prédominance sera marquée par la durée et à durée égale par une peine qui devra être ajoutée à l'une d'elles (page 20).

La loi du 26 mars 1891, sur l'atténuation et l'aggravation des peines, n'est applicable aux condamnations prononcées par les tribunaux militaires qu'en ce qui concerne les modifications apportées par ladite loi aux articles 57 et 58 du Code pénal.

PRESCRIPTION.

L'infraction à une loi peut engendrer deux droits :

1º Celui d'infliger une punition au coupable, et 2º celui d'obtenir réparation du préjudice causé.

Le premier appartient à la société ; il fait l'objet de l'action publique qui est exercée par le ministère public devant les tribunaux de droit commun et par les commissaires du gouvernement devant les tribunaux militaires ; le second appartient à la partie lésée ; il fait l'objet de l'action civile qui est exercée par la personne qui a souffert un dommage par suite de l'infraction.

La prescription fait acquérir au prévenu la libération de toute peine et l'affranchit de toutes recherches ou poursuites.

Les principes généraux de la prescription sont les suivants :

En matière criminelle, lorsqu'il y a eu jugement par contumace, la peine se prescrit par vingt années à partir du jour du jugement (C. 635) ; s'il n'a été fait aucun acte d'instruction ni de poursuite, l'action publique et l'action civile se prescrivent après dix années révolues à compter du jour ou le crime a été commis (C. 637) ; s'il y a eu commencement de poursuite non suivie de jugement, la prescription est acquise après dix années révolues à compter du dernier acte. (C. 637.)

En matière correctionnelle, lorsqu'il y a eu jugement par défaut, la peine se prescrit par cinq années révolues à compter du jour où le jugement ne peut plus être attaqué par voie d'appel (C. 636) ; s'il n'a été fait aucun acte d'instruction ni de poursuite, l'action publique et l'action civile se prescrivent par trois années à compter du jour où le délit a été commis (C. 638) ; s'il y a eu commencement de poursuites non suivies de jugement, la prescription est acquise après trois années révolues à compter du dernier acte.

Pour les contraventions de simple police, le Code exige que le jugement ait été rendu dans l'année ; il en résulte que les actes d'instruction et de poursuite n'interrompent pas la prescription de l'action publique. (C. 640.)

Les dispositions du Code d'instruction criminelle relatives à la prescription sont applicables à l'action publique résultant d'un crime ou délit de la compétence des juridictions militaires, ainsi qu'aux peines résultant des jugements rendus par ces tribunaux.

Toutefois, la prescription contre l'action publique résultant de la désertion ne commence à courir que du jour où le déserteur a atteint l'âge de 47 ans (M. 184.)

Aux termes de l'article 73 de la loi du 15 juillet 1889, la prescription contre l'action publique résultant de l'insoumission ne commence à courir que du jour où l'insoumis a atteint l'âge de 50 ans.

Les fonctionnaires, agents, employés militaires et autres assimilés sont, pour l'application des peines, considérés comme officiers et soldats suivant le grade auquel leur rang correspond.

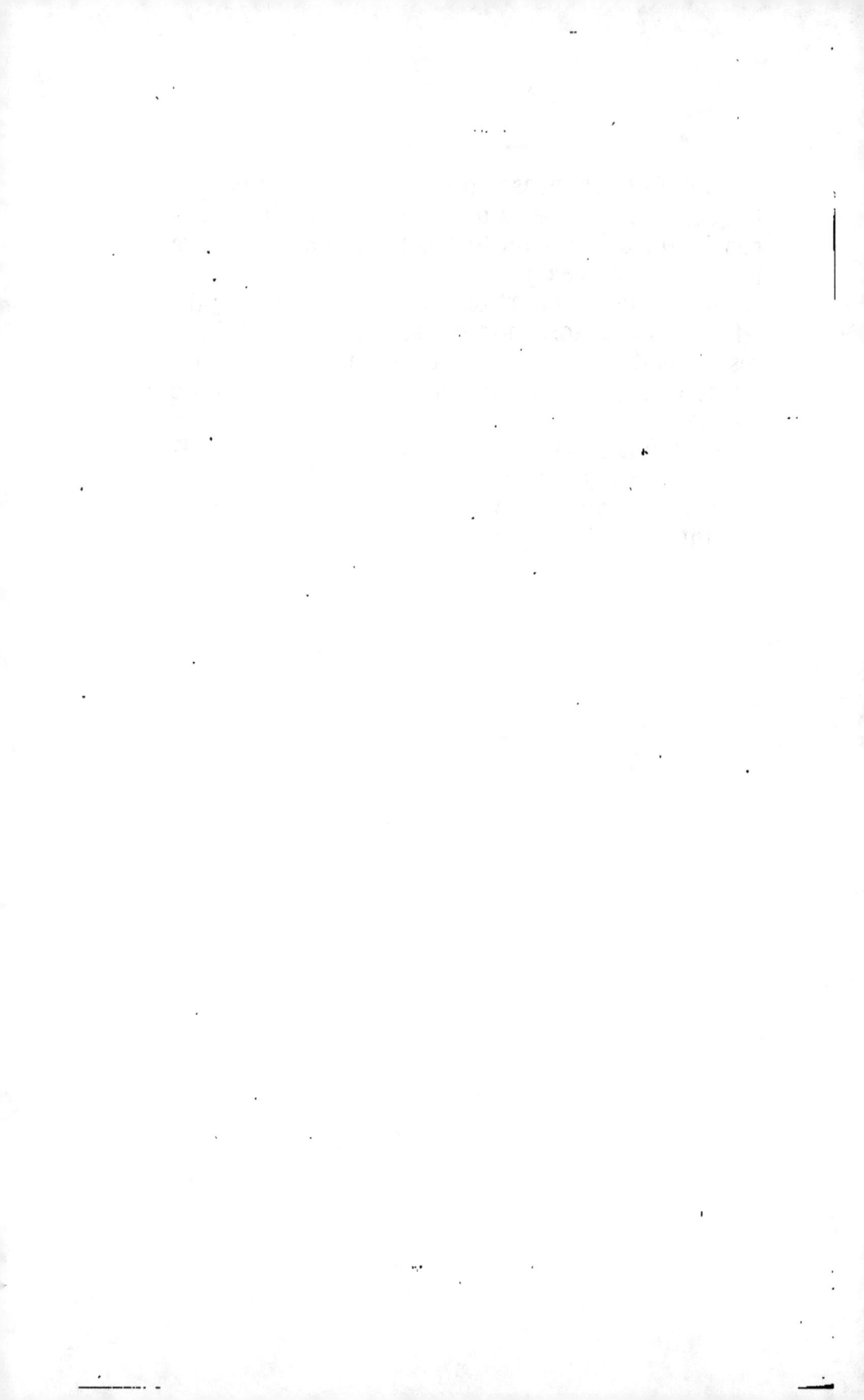

CODE

DE

JUSTICE MILITAIRE

POUR

L'ARMÉE DE TERRE

Du 9 juin 1857.

Modifié d'après les lois du 16 mai 1872, du 26 juillet 1873, du 18 mai 1875, du 15 juillet 1889 et du 21 avril 1892.

LIVRE PREMIER

DE L'ORGANISATION DES TRIBUNAUX MILITAIRES

Dispositions préliminaires.

Art. 1er. La justice militaire est rendue :

1º Par des conseils de guerre ;
2º Par des conseils de révision.

Des prévôtés sont établies aux armées dans les cas prévus par le présent Code.

TITRE PREMIER

DES CONSEILS DE GUERRE ET DES CONSEILS DE
RÉVISION PERMANENTS DANS LES CIRCONSCRIP-
TIONS TERRITORIALES.

CHAPITRE PREMIER

Des conseils de guerre permanents dans les circonscriptions territoriales.

2. Il y a un conseil de guerre permanent au chef-lieu de chacune des circonscriptions militaires territoriales formées, à l'intérieur, sous le titre de corps d'armée ou de commandement supérieur, et, en Algérie, sous le titre de division militaire.

Si les besoins du service l'exigent, d'autres conseils de guerre permanents peuvent être établis dans la circonscription par un décret du chef de l'Etat, qui fixe le siège de chacun de ces conseils et en détermine le ressort.

3. Le conseil de guerre permanent est composé d'un colonel ou lieutenant-colonel, président, et de six juges, savoir :

Un chef de bataillon, ou chef d'escadron, ou major ;

Deux capitaines ;

Un lieutenant et un sous-lieutenant ;

Un sous-officier.

4. Il y a près chaque conseil de guerre un commissaire du gouvernement, un rapporteur et un commis-greffier.

Il peut être nommé un ou plusieurs substituts du commissaire du gouvernement et du rapporteur et un ou plusieurs commis-greffiers.

5. Les commissaires du gouvernement et leurs substituts remplissent près les conseils de guerre les fonctions du ministère public.

Les rapporteurs et leurs substituts sont chargés de l'instruction.

Les greffiers et commis-greffiers font les écritures.

6. Les présidents et les juges sont pris parmi les officiers et sous-officiers en activité dans la circonscription; ils peuvent être remplacés tous les six mois et même dans un délai moindre, s'ils cessent d'être employés dans la circonsciption.

7. Les commissaires du gouvernement et les rapporteurs sont pris parmi les officiers supé° rieurs, les capitaines, les sous-intendants militaires ou adjoints, soit en activité, soit en retraite.

Les substituts sont pris parmi les officiers en activité dans la circonscription.

Exceptionnellement et lorsque les besoins du service l'exigent, il peut être dérogé à cette règle en vertu d'une décision du Ministre de la guerre.

8. Le président et les juges des conseils de guerre sont nommés par le général commandant la circonscription.

La nomination est faite par le Ministre de la guerre s'il s'agit du jugement d'un colonel, d'un officier général ou d'un maréchal de France.

9. Les commissaires du gouvernement et les rapporteurs sont nommés par le Ministre de la guerre.

Lorsqu'ils sont choisis parmi les officiers en

activité, ils sont nommés sur une liste de présentation dressée par le général commandant la circonscription où siège le conseil de guerre.

Les substituts sont nommés par le général commandant la circonscription.

Un règlement d'administration publique détermine les conditions et les formes de la nomination des greffiers et commis-greffiers.

10. La composition des conseils de guerre déterminée par l'article 3 du présent Code est maintenue ou modifiée suivant le grade de l'accusé, conformément au tableau ci-après :

GRADE de l'accusé.	GRADE du président.	GRADE DES JUGES.
Sous-off., cap. ou brig., sold.	Colonel ou lieutenant-colonel.	1 chef de bataillon, ou chef d'escadron, ou major. 2 capitaines. 1 lieutenant. 1 sous-lieutenant (1). 1 sous-officier.
S.-lieutenant ..	Colonel ou lieutenant-colonel.	1 chef de bataillon, ou chef d'escadron, ou major. 2 capitaines. 1 lieutenant. 2 sous-lieutenants.
Lieutenant.....	Colonel ou lieutenant-colonel.	1 chef de bataillon, ou chef d'escadron, ou major. 3 capitaines. 2 lieutenants.

(1) A défaut, un deuxième lieutenant. (Loi du 21 avril 1892.)

GRADE de l'accusé.	GRADE du président.	GRADE DES JUGES.
Capitaine	Colonel	1 lieutenant-colonel. 3 chefs de bat., ou chefs d'escadron, ou majors. 2 capitaines.
Chef de batail., chef d'escad., major........	Général de bri.	2 colonels. 2 lieutenants-colonels. 2 chefs de bat. ou chefs d'escadron ou majors.
Lieutenant-col..	Général de bri.	4 colonels. 2 lieutenants-colonels.
Colonel	Général de div.	4 généraux de brigade. 2 colonels.
Général de bri.	Mar. de France.	4 généraux de division. 2 généraux de brigade.
Général de div.	Mar. de France.	2 maréchaux de France. 4 généraux de division.
Mar. de France.	Mar. de France.	3 mar. de France ou amir. 3 généraux de division.

En cas d'insuffisance dans la circonscription d'officiers ayant le grade exigé pour la composition du conseil de guerre, le général commandant la circonscription appelle à siéger au conseil de guerre des officiers d'un grade égal à celui de l'accusé ou d'un grade immédiatement inférieur.

Lorsqu'une affaire paraîtra de nature à entraîner de longs débats, le Ministre de la guerre ou le général commandant la circonscription, suivant le cas, pourra, avant l'ouverture des débats, désigner, dans chaque catégorie ou grade devant composer le conseil de guerre, un ou deux juges supplémentaires.

Ces juges seront pris, d'après l'ordre d'ancienneté, à la suite des juges appelés à siéger au conseil de guerre. Ils assisteront aux débats, dans les mêmes conditions que les autres juges; mais ils ne prendront part aux délibérations dans la chambre du conseil que dans le cas où ils auraient remplacé un juge empêché, ainsi qu'il est dit ci-après :

Si, par une cause régulièrement constatée, un juge était empêché de siéger, il sera remplacé par le juge supplémentaire ou le plus ancien des deux juges supplémentaires de son grade ou de sa catégorie.

Cette disposition est applicable aux conseils de guerre créés en conformité du Code de justice militaire, ainsi que des lois du 7 août et du 16 mai 1872.

11. Pour juger un général de division ou un maréchal de France, les maréchaux et les généraux de division sont appelés suivant l'ordre d'ancienneté à siéger dans les conseils de guerre, à moins d'empêchements admis par le Ministre de la guerre.

Le président du conseil de guerre est choisi parmi les maréchaux désignés en vertu du paragraphe précédent, ou, à défaut d'un maréchal, parmi les juges désignés dans les conditions que détermine l'article 12.

12. A défaut d'un nombre suffisant de maréchaux, sont appelés à faire partie du conseil de guerre d'après leur rang d'ancienneté et dans l'ordre suivant :

1° Les amiraux;

2° Des officiers généraux ayant commandé en chef devant l'ennemi. — Ces officiers généraux seront nommés par le Ministre de la guerre, qui restera juge en cas d'empêchement ;

Les fonctions de commissaire du gouvernement peuvent être remplies par un général de division, et celles de rapporteur sont exercées par un officier général.

13. Pour juger un membre du corps de l'intendance militaire, un médecin, un pharmacien, un officier d'administration, un vétérinaire ou tout autre individu assimilé aux militaires, le conseil de guerre est composé suivant le grade auquel le rang de l'accusé correspond.

14. S'il y a plusieurs accusés de différents grades ou rangs, la composition du conseil de guerre est déterminée par le grade ou le rang le plus élevé.

15. Lorsqu'à raison du grade ou du rang de l'accusé, un ou plusieurs membres du conseil de guerre sont remplacés, les autres membres, les rapporteurs et les greffiers continuent de droit leurs fonctions, sauf le cas prévu par l'article 12 ci-dessus.

16. Les fonctions de commissaire du gouvernement sont remplies par les officiers d'un grade ou d'un rang au moins égal à celui de l'accusé, sauf le cas prévu par l'article 12.

Lorsqu'un commissaire du gouvernement est spécialement nommé pour le jugement d'une affaire, il est assisté du commissaire ordinaire près le conseil de guerre, ou de l'un de ses substituts.

17. Les conseils de guerre appelés à juger des prisonniers de guerre sont composés comme pour le jugement des militaires français, d'après les assimilations de grade.

18. Lorsque, dans les cas prévus par les lois, il y a lieu de traduire devant un conseil de guerre, soit comme auteur principal, soit comme complice, un individu qui n'est ni militaire, ni assimilé aux militaires, le conseil reste composé, suivant le cas, comme il est dit aux articles 3 et 33 pour les sous-officiers, caporaux et soldats, à moins que le grade ou le rang d'un coaccusé militaire n'exige une autre composition.

19. Le général commandant chaque circonscription territoriale dresse, sur la présentation des chefs de corps, un tableau par grade et par ancienneté des officiers et sous-officiers de la circonscription qui peuvent être appelés à siéger comme juges dans le conseil de guerre.

Ce tableau est rectifié au fur et à mesure des mutations. Une expédition en est déposée au greffe du conseil de guerre.

Les officiers et sous-officiers sont appelés successivement, et dans l'ordre de leur inscription, à siéger dans le conseil de guerre, à moins d'empêchement admis par une décision du général commandant la circonscription.

20. En cas d'empêchement accidentel du président ou d'un juge, le général commandant la circonscription le remplace provisoirement, selon les cas, par un officier de même grade ou par un sous-officier, dans l'ordre du tableau dressé en exécution de l'article précédent.

Dans le cas d'empêchement du commissaire du gouvernement, du rapporteur et de leurs substituts, du greffier et du commis-greffier, il est provisoirement pourvu au remplacement par le général commandant la circonscription.

21. S'il ne se trouve pas dans la circonscrip-

tion des officiers généraux ou supérieurs en nombre suffisant pour compléter le conseil de guerre, le Ministre de la guerre y pourvoit en appelant, par rang d'ancienneté, des officiers généraux ou supérieurs employés dans les circonscriptions territoriales les plus voisines.

22. Nul ne peut faire partie d'un conseil de guerre, à un titre quelconque, s'il n'est Français ou naturalisé Français et âgé de 25 ans accomplis.

23. Les parents et alliés, jusqu'au degré d'oncle et de neveu inclusivement, ne peuvent être membres du même conseil de guerre ou remplir près ce corps les fonctions de commissaire du gouvernement, de rapporteur ou de greffier.

24. Nul ne peut siéger comme président ou juge, ni remplir les fonctions de rapporteur dans une affaire soumise au conseil de guerre :

1° S'il est parent ou allié de l'accusé jusqu'au degré de cousin issu de germain inclusivement;

2° S'il a porté la plainte, donné l'ordre d'information ou déposé comme témoin ;

3° Si, dans les cinq ans qui ont précédé la mise en jugement, il a été engagé comme plaignant, partie civile ou prévenu dans un procès criminel contre l'accusé;

4° S'il a précédemment connu de l'affaire comme administrateur ou comme membre d'un tribunal militaire.

25. Avant d'entrer en fonctions, les commissaires du gouvernement et les rapporteurs pris en dehors de l'activité prêtent entre les mains du général commandant la circonscription le serment suivant :

« *Je jure obéissance à la Constitution et fidélité au chef de l'Etat.* »

CHAPITRE II

Des conseils de revision permanents dans les circonscriptions territoriales.

26. Il est établi pour les circonscriptions territoriales des conseils de revision permanents dont le nombre, le siège et le ressort sont déterminés par décret du chef de l'Etat inséré au *Bulletin des lois.*

27. Les conseils de revision sont composés d'un président, général de brigade, et de quatre juges, savoir :

Deux colonels ou lieutenants-colonels ;

Deux chefs de bataillon ou chefs d'escadron, ou majors.

Il y a près chaque conseil de revision un commissaire du gouvernement et un greffier.

Les fonctions de commissaire du gouvernement sont remplies par un officier supérieur ou un sous-intendant militaire.

Il peut être nommé un substitut du commissaire du gouvernement et un commis-greffier, si les besoins du service l'exigent.

28. Le président et les juges du conseil de revision sont pris parmi les officiers en activité dans la circonscription où siège le conseil, et nommés par le général commandant la circonsconscription. Ils peuvent être remplacés tous les six mois et dans un délai moindre s'ils cessent d'être employés dans la circonscription.

Un tableau est dressé pour les juges conformément à l'article 19 du présent Code.

Les articles 20 et 21 sont également applicables aux conseils de revision.

29. Les commissaires du gouvernement sont pris parmi les officiers supérieurs ou parmi les sous-intendants militaires en activité de service ou en retraite; ils sont nommés par le Ministre de la guerre.

Les substituts sont pris parmi les officiers ou parmi les membres de l'intendance militaire en activité de service; ils sont nommés par le général commandant la circonscription.

Les conditions et les formes de la nomination des greffiers et commis-greffiers sont déterminées par le règlement d'administration publique prévu par l'article 9 du présent Code.

30. Lorsque le conseil de guerre dont le jugement est attaqué a été présidé par un maréchal de France, ou par un général de division, le conseil de revision est également présidé par un général de division, ou par un maréchal de France, ou, à défaut d'un maréchal, par un officier général désigné suivant les conditions déterminées par l'article 12. Le général de brigade siège alors comme juge, et le chef de bataillon, d'escadron ou major, le moins ancien de grade, ou, à égalité d'ancienneté, le moins âgé, ne prend point part au jugement de l'affaire.

31. Nul ne peut faire partie d'un conseil de revision s'il n'est Français ou naturalisé Français, et âgé de 30 ans accomplis.

Les articles 23 et 24 du présent Code sont applicables aux membres des conseils de revision.

32. Avant leur entrée en fonctions, les commissaires du gouvernement pris en dehors de l'activité prêtent, entre les mains du général commandant la circonscription, le serment prescrit par l'article 25 du présent Code.

TITRE II

DES CONSEILS DE GUERRE ET DES CONSEILS DE REVISION AUX ARMÉES, DANS LES COMMUNES ET LES DÉPARTEMENTS EN ÉTAT DE SIÈGE ET DANS LES PLACES DE GUERRE ASSIÉGÉES OU INVESTIES.

CHAPITRE PREMIER

Des conseils de guerre aux armées.

33. Lorsqu'un corps d'armée est appelé ou que plusieurs corps d'armée réunis en armée sont appelés à opérer soit sur le territoire, soit au dehors, un ou deux conseils de guerre sont établis, sur l'ordre du Ministre de la guerre, dans chaque division active, ainsi qu'au quartier général de l'armée, et, s'il y a lieu, au quartier général de chaque corps d'armée.

Si une division active ou un détachement de troupe de la force d'un bataillon au moins est appelé à opérer isolément, un ou deux conseils de guerre peuvent également être formés dans la division ou dans le détachement.

Ces conseils de guerre sont composés de cinq juges seulement, conformément au tableau ci-après, suivant le grade de l'accusé, jusqu'à celui de lieutenant-colonel inclusivement.

GRADE de l'accusé.	GRADE du président.	GRADE DES JUGES
S. offi., cap., ou brig., sol.	Col. ou lieut. colonel.	1 chef de bat., chef d'esc. ou major. 1 capitaine. 1 lieut. ou sous-lieutenant. 1 sous-officier.
S.-lieutenant.	Col. ou lieut. colonel.....	1 chef de bat. chef d'esc. ou major. 1 capitaine. 1 lieutenant. 1 sous-lieutenant.
Lieutenant...	Col. ou lieut. colonel.....	1 chef de bat., chef d'esc. ou major. 1 capitaine. 2 lieutenants.
Capitaine....	Colonel......	1 lieutenant-colonel. 1 chef de bat., chef d'esc. ou major. 2 capitaines.
Ch. de bat., ch. d'escad., major......	Génér. de bri.	1 colonel. 1 lieutenant-colonel. 2 chefs de bat., chefs d'esc. ou majors.
Lieut.-colonel	Génér. de bri.	2 colonels. 2 lieutenants-colonels.

Il y a près de chaque conseil un commissaire du gouvernement rapporteur, remplissant à la fois les fonctions de magistrat instructeur et celles du ministère public, et un greffier.

Il peut être nommé un ou plusieurs substituts du commissaire du gouvernement rapporteur et un ou plusieurs commis-greffiers.

Les articles 11, 12, 13, 14, 16, 17 et 18 du présent Code sont applicables aux conseils de guerre ainsi composés.

Il n'est rien changé à la composition des conseils déterminés par l'article 10 du présent Code, pour les autres grades, à partir de celui de colonel.

34. Les membres des conseils de guerre, ainsi que les commissaires du gouvernement rapporteurs, les substituts, les greffiers et commis-greffiers, sont pris parmi les officiers et les sous-officiers employés dans l'armée, le corps d'armée, la division ou le détachement près desquels ces conseils sont établis.

35. Les membres des conseils de guerre sont nommés et remplacés, savoir :

Dans la division, par le général commandant la division ;

Au quartier général de l'armée, par le général en chef ;

Au quartier général du corps d'armée, par le général commandant le corps d'armée ;

Dans le détachement de troupe, par le commandant de ce détachement.

S'il ne se trouve pas, soit dans la division, soit dans l'armée, soit dans le corps d'armée, soit dans le détachement où se forment les conseils de guerre, un nombre suffisant d'officiers du grade requis pour leur composition, il y est suppléé en descendant dans la hiérarchie, même jusqu'au grade inférieur à celui de l'accusé, si cela est nécessaire, mais sans que plus de deux juges puissent être pris dans cette catégorie.

Si, nonobstant la disposition du paragraphe précédent, il y a, dans les divisions, corps d'armée et détachements, insuffisance de militaires du grade requis pour composer les conseils de guerre qui y sont attachés, il y est pourvu par le général en chef au moyen d'officiers pris dans l'armée.

. En cas d'impossibilité absolue par le général en chef de composer le conseil de guerre du quartier général, il y est pourvu par le Ministre de la guerre, qui compose ce conseil conformément aux dispositions de l'article 21 du présent Code, ou renvoie l'officier inculpé devant l'un des conseils de guerre permanents des circonscriptions territoriales voisines.

36. Si un maréchal de France ou un général de division ayant commandé une armée ou un corps d'armée est mis en jugement à raison d'un fait commis pendant la durée de son commandement, aucun des généraux ayant été sous ses ordres dans l'armée ou le corps d'armée ne peut faire partie du conseil de guerre.

37. Les articles 15, 22, 23 et 24 du présent Code sont applicables aux conseils de guerre siégeant aux armées.

CHAPITRE II.

Des conseils de revision aux armées.

38. Il est établi un conseil de revision au quartier général de l'armée.

Le général en chef de l'armée ou le général commandant un corps d'armée peut, en outre, selon les besoins du service, établir un conseil de revision pour une ou plusieurs divisions, pour un ou plusieurs détachements.

39. Les membres des conseils de revision sont pris parmi les officiers employés dans les armées, corps d'armée, divisions ou détachements près desquels ces conseils sont établis.

Ils sont nommés et remplacés par les commandants de ces armées, corps d'armée, divisions ou détachements.

40. Les articles 23, 24, 27, 29, 30 et 31 du présent Code sont applicables aux conseils de revision siégeant aux armées.

41. S'il ne se trouve pas, soit au quartier général, soit dans l'armée, soit dans le corps d'armée, soit dans la division, soit dans le détachement où se forme le conseil de revision, un nombre suffisant d'officiers du grade requis, le conseil est composé de *trois juges,* lesquels peuvent être pris, savoir:

Le président, parmi les colonels ou lieutenants-colonels;

Les deux juges, parmi les chefs de bataillon, les chefs d'escadron ou les majors.

Les fonctions de commissaire du gouvernement peuvent être remplies par un capitaine ou par un adjoint de l'intendance militaire.

Dans tous les cas, le président du conseil de revision doit être d'un grade au moins égal à celui de l'accusé.

CHAPITRE III.

Dispositions communes aux deux chapitres précédents.

42. Lorsque des armées, corps d'armée, divisions actives ou détachements de troupes sont appelées à opérer, soit sur le territoire, soit au dehors, les conseils de guerre et de revision permanents qui se trouvent déjà organisés dans les circonscriptions territoriales connaissent de toutes les affaires de la compétence des conseils de guerre et de revision aux armées, tant que des conseils d'armée n'ont pas été créés, conformément aux chapitres I et II du présent titre.

CHAPITRE IV

Des conseils de guerre dans les communes et les départements en état de siège, et dans les places de guerre assiégées ou investies.

43. Lorsqu'une ou plusieurs communes, un ou plusieurs départements ont été déclarés en état de siège, les conseils de guerre permanents des circonscriptions territoriales dont font partie ces communes ou ces départements, indépendamment de leurs attributions ordinaires, statuent sur les crimes et délits dont la connaissance leur est déférée par le présent Code et par les lois sur l'état de siège.

Le siège de ces conseils peut être transféré par décret du chef de l'Etat dans l'une de ces communes ou dans l'un de ces départements.

44. Il est établi deux conseils de guerre dans toute place de guerre assiégée ou investie.

La formation de ces conseils est mise à l'ordre du jour de la place.

Leurs fonctions cessent dès que l'état de siège est levé, sauf en ce qui concerne les jugements des crimes et délits dont la poursuite leur a été déférée.

45. Les membres des conseils de guerre établis dans les places de guerre, en vertu de l'article précédent, sont nommés et remplacés par le gouverneur ou le commandant supérieur de la place, qui, à défaut de militaires en activité, peut les prendre parmi les officiers et les sous-officiers en non-activité, en congé ou en retraite. Dans ce cas, ils prêtent, entre les mains du commandant supérieur, le serment prescrit par l'article 25 du présent Code.

S'il ne se trouve pas dans la place un nombre suffisant d'officiers des grades exigés pour la formation des conseils, il y est suppléé par des officiers et sous-officiers des grades inférieurs les plus rapprochés.

46. Les conseils de guerre établis dans les places de guerre en vertu de l'article 44 sont composés comme les conseils de guerre aux armées.

Les articles 11, 12, 13, 14, 15, 16, 17, 18, 22, 23, 24, 33 et 34 du présent Code leur sont applicables.

CHAPITRE V

Des conseils de revision dans les communes et les départements en état de siège, et dans les places de guerre assiégées ou investies.

47. Lorsqu'une ou plùsieurs communes, un ou plusienrs départements ont été déclarés en état de siège, chaque conseil de revision ou *permanent* connaît des recours formés contre tous les jugements des conseils de guerre *placés dans sa circonscription*.

Le siège du conseil de revision peut être transféré, par décret du chef de l'Etat, dans l'une de ces communes ou dans l'un de ces départements.

48. Il est établi un conseil de revision dans toute place de guerre assiégée ou investie.

Les membres de ce conseil sont nommés et remplacés par le gouverneur ou le commandant supérieur de la place. Ils sont pris dans les catégories indiquées dans l'article 45 du présent Code.

En cas d'insuffisance, le conseil est réduit à trois juges, conformément à l'article 41.

49. Les articles 27, 30, 31 et 32 du présent Code sont applicables aux conseils de revision siégeant dans les places de guerre assiégées ou investies.

CHAPITRE VI

Dispositions communes aux deux chapitres précédents.

50. S'il existe déjà, dans la place de guerre assiégée ou investie, des conseils de guerre ou

de revision, l'organisation en est complétée, s'il y a lieu, conformément aux dispositions des deux chapitres précédents.

TITRE III

DES PRÉVÔTÉS

51. Lorsqu'une armée est sur le territoire étranger, les grands-prévôts et les prévôts, indépendamment des attributions de police qui leur sont déférées par les règlements militaires, exercent une juridiction dont les limites et les règles sont déterminées par le présent Code.

52. Le grand-prévôt exerce sa juridiction, soit par lui-même, soit par les prévôts, sur tout le territoire occupé par l'armée et sur les flancs et les derrières de l'armée.

Chaque prévôt exerce sa juridiction dans la division ou le détachement auquel il appartient, ainsi que sur les flancs et les derrières de cette division ou de ce détachement,

Le grand-prévôt ainsi que les prévôts jugent seuls, assistés d'un greffier, qu'ils choisissent parmi les sous-officiers et brigadiers de gendarmerie.

LIVRE II

DE LA COMPÉTENCE DES TRIBUNAUX MILITAIRES

Dispositions générales.

53. Les tribunaux militaires ne statuent que sur l'action publique, sauf les cas prévus par l'article 75 du présent Code.

Ils peuvent, néanmoins, ordonner, au profit des propriétaires, la restitution des objets saisis ou des pièces de conviction, lorsqu'il n'y a pas lieu d'en prononcer la confiscation.

54. L'action civile ne peut être poursuivie que devant les tribunaux civils ; l'exercice en est suspendu tant qu'il n'a pas été prononcé définitivement sur l'action publique, intentée avant ou pendant la poursuite de l'action civile.

TITRE PREMIER

COMPÉTENCE DES CONSEILS DE GUERRE

CHAPITRE PREMIER

Compétence des conseils de guerre permanents dans les circonscriptions territoriales en état de paix.

55. Tout individu appartenant à l'armée en vertu, soit de la loi de recrutement, soit d'un

Pol. Jud.   7.

brevet ou d'une commission, est justiciable des conseils de guerre permanents dans les circonscriptions territoriales en état de paix, selon les distinctions établies dans les articles suivants.

56. Sont justiciables des conseils de guerre des circonscriptions territoriales en état de paix pour tous crimes et délits, sauf les exceptions portées au titre IV du présent livre :

1º Les officiers de tous grades, les sous-officiers, caporaux et brigadiers, les soldats, les musiciens et les enfants de troupe;

Les membres du corps de l'intendance militaire;

Les médecins, les pharmaciens, les vétérinaires militaires et les officiers d'administration ;

Les individus assimilés aux militaires par les ordonnances ou décrets d'organisation,

Pendant qu'ils sont en activité de service ou portés présents sur les contrôles de l'armée ou détachés pour un service spécial;

2º Les militaires, les jeunes soldats, les remplaçants, les engagés volontaires et les individus assimilés aux militaires, placés dans les hôpitaux civils et militaires, ou voyageant sous la conduite de la force publique, on détenus dans les établissements, prisons et pénitenciers militaires ;

3º Les officiers de tous grades et les sous-officiers, caporaux et soldats inscrits sur les contrôles de l'hôtel national des Invalides ;

4º Les jeunes soldats laissés dans leurs foyers et les miltaires envoyés en congé illimité, lorsqu'ils sont réunis pour les revues ou exercices prévus par l'article 30 de la loi du 21 mars 1832. (Loi du 15 juillet 1889, art. 49.)

Les prisonniers de guerre sont aussi justiciables des conseils de guerre.

57. Sont également justiciables des conseils de guerre des divisions territoriales, en état de paix, mais seulement pour les crimes et délits prévus par le titre II du livre IV, les militaires de tous grades, les membres de l'intendance militaire et tous individus assimilés aux militaires :

1º Lorsque, sans être employés, ils reçoivent un traitement et restent à la disposition du gouvernement ;

2º Lorsqu'ils sont en congé ou en permission.

58. Les jeunes soldats, les engagés volontaires et les remplaçants ne sont, depuis l'instant où ils ont reçu leur ordre de route jusqu'à celui de leur réunion en détachement ou de leur arrivée au corps, justiciables des mêmes conseils de guerre que pour les faits d'insoumission, sauf les cas prévus par les numéros 2 et 4 de l'article 56 ci-dessus.

59. Les officiers de la gendarmerie, les sous-officiers et les gendarmes ne sont pas justiciables des conseils de guerre pour les crimes et délits commis dans l'exercice de leurs fonctions relatives à la police judiciaire et à la constatation des contraventions en matière administrative.

60. Lorsqu'un justiciable des conseils de guerre est poursuivi en même temps pour un crime ou un délit de la compétence des conseils de guerre et pour un autre crime ou délit de la compétence des tribunaux ordinaires, il est traduit d'abord devant le tribunal auquel appartient la connaissance du fait emportant la peine la plus grave, et renvoyé ensuite, s'il y a lieu, pour l'autre fait, devant le tribunal compétent.

En cas de double condamnation, la peine la plus forte est seule subie.

Si les deux crimes ou délits emportent la même peine, le prévenu est d'abord jugé pour le fait de la compétence des tribunaux militaires.

61. Le prévenu est traduit, soit devant le conseil de guerre dans le ressort duquel le crime ou délit a été commis, soit devant celui dans le ressort duquel il a été arrêté, soit devant celui de la garnison de son corps ou de son détachement.

CHAPITRE II

De la compétence des conseils de guerre aux armées et dans des circonscriptions territoriales en état de guerre.

62. Sont justiciables des conseils de guerre aux armées pour tous crimes ou délits :

1º Les justiciables des conseils de guerre dans les circonscriptions territoriales en état de paix ;

2º Les individus employés, à quelque titre que ce soit, dans les états-majors et dans les administrations et services qui dépendent de l'armée ;

3º Les vivandiers et vivandières, cantiniers et cantinières, les blanchisseuses, les marchands, les domestiques et autres individus à la suite de l'armée, *en vertu de permissions.*

63. Sont justiciables des conseils de guerre, si l'armée est sur le *territoire ennemi,* tous individus prévenus, soit comme auteurs, soit comme complices, d'un des crimes ou délits prévus par le titre II du livre IV du présent Code.

64. Sont également justiciables des conseils

de guerre, lorsque l'armée se trouve sur le *territoire français*, en présence de l'ennemi, pour crimes et délits commis dans l'arrondissement de cette armée :

1º Les *étrangers* prévenus de crimes et délits prévus par l'article précédent (*de l'article* 204 *à l'article* 266 *inclus*) ;

2º Tous individus prévenus comme auteurs ou complices des crimes prévus par les articles 204, 205, 206, 207, 208, 249, 250, 251, 252, 253 et 254 du présent Code.

65. Sont traduits devant le conseil de guerre de la division ou du détachement dont ils font partie les militaires *jusqu'au grade de capitaine inclusivement et les assimilés des rangs correspondants.*

66. Sont traduits devant le conseil de guerre du quartier général de leur corps d'armée :

1º Les militaires attachés au quartier général, jusqu'au grade de colonel inclusivement, et les assimilés de rangs correspondants attachés à ce quartier général.

2º Les chefs de bataillon, les chefs d'escadron et les majors, les lieutenants-colonels et les colonels, et les assimilés de rangs correspondants attachés aux divisions composant le corps d'armée.

67. Sont traduits devant le conseil de guerre du quartier général de l'armée :

1º Les militaires et les assimilés désignés dans l'article précédent, lorsqu'il n'a pas été établi de conseil de guerre au quartier général de leur corps d'armée ;

2º Les militaires et les individus attachés au quartier général de l'armée ;

3° Les militaires et les individus assimilés aux militaires, qui ne font partie d'aucune des divisions ou d'aucun des corps d'armée.

4° Les officiers généraux et les individus des rangs correspondants employés dans l'armée. Toutefois, le général en chef peut, s'il le juge nécessaire, les mettre à la disposition du Ministre de la guerre, et, dans ce cas, ils sont traduits devant le conseil de guerre d'une des circonscriptions territoriales les plus rapprochées.

68. Tout individu justiciable des conseils de guerre aux armées, qui n'est ni militaire, ni assimilé aux militaires, est traduit devant l'un des conseils de guerre de l'armée les plus voisins du lieu dans lequel le crime ou le délit a été commis, ou du lieu dans lequel le prévenu a été arrêté.

69. Les règles de compétence établies pour les conseils de guerre aux armées sont observées dans les circonscriptions territoriales déclarées en état de guerre par un décret du chef de l'Etat

CHAPITRE III

Compétence des conseils de guerre dans les communes et les départements en état de siège et dans les places de guerre assiégées ou investies.

70. Les conseils de guerre dans le ressort desquels se trouvent les communes et les départements déclarés en état de siège et les places de guerre assiégées ou investies, connaissent de tous crimes et délits commis par les justiciables des

conseils de guerre aux armées, conformément aux articles 63 et 64 ci-dessus, sans préjudice de l'application de la loi du 9 août 1849 sur l'état de siège.

CHAPITRE IV

Dispositions communes aux trois chapitres précédents.

71. Les jugements rendus par les conseils de guerre peuvent être attaqués par recours devant les conseils de revision.

La faculté pour les condamnés de former un recours en revision contre les jugements des conseils de guerre établis conformément au 3° paragraphe de l'article 33 peut être temporairement suspendue aux armées, par un décret du chef de l'Etat, rendu en conseil des ministres.

Le commandant supérieur d'une place assiégée ou investie a toujours le droit d'ordonner cette suspension.

Dans tous les cas, lorsque cette mesure est prise, elle est portée à la connaissance des troupes par la voie de l'ordre et, au besoin, à la connaissance de la population par voie d'affiches. Elle n'a d'effet qu'à l'égard des condamnés jugés pour des crimes ou délits commis après cette publication, et les condamnations, soit à la peine de mort, soit à toute autre peine infamante, ne sont exécutées que sur un ordre signé de l'officier qui a ordonné la mise en jugement.

TITRE II

COMPÉTENCE DES CONSEILS DE REVISION

72. Les conseils de revision prononcent sur les recours formés contre les jugements des conseils de guerre établis dans leur ressort.

73. Les conseils de revision ne connaissent pas du fond des affaires.

74. Les conseils de revision ne peuvent annuler les jugements que dans les cas suivants :

1º Lorsque le conseil de guerre n'a pas été composé conformément aux dispositions du présent Code ;

2º Lorsque les règles de la compétence ont été violées ;

3º Lorsque la peine prononcée par la loi n'a pas été appliquée aux faits déclarés constants par le conseil de guerre, ou lorsqu'une peine a été prononcée en dehors des cas prévus par la loi ;

4º Lorsqu'il y a eu violation ou omission des formes prescrites à peine de nullité ;

5º Lorsque le conseil de guerre a omis de statuer sur une demande de l'accusé ou une réquisition du commissaire du gouvernement tendant à user d'une faculté ou d'un droit accordé par la loi.

TITRE III

COMPÉTENCE DES PRÉVÔTÉS

75. Les prévôtés ont juridiction :

1° Sur les vivandiers, vivandières, cantiniers, cantinières, blanchisseuses, marchands, domestiques et toutes personnes à la suite de l'armée en vertu de permissions ;

2° Sur les vagabonds et gens sans aveu ;

3° Sur les prisonniers de guerre qui ne sont pas officiers ;

Elles connaissent à l'égard des individus ci-dessus désignés dans l'étendue de leur ressort :

1° Des infractions prévues par l'article 271 du présent Code ;

2° De toute infraction dont la peine ne peut excéder six mois d'emprisonnement et 200 francs d'amende, ou l'une de ces peines ;

3° Des demandes en dommages-intérêts qui n'excèdent pas 150 francs, lorsqu'elles se rattachent à une infraction de leur compétence.

Les décisions des prévôtés ne sont susceptibles d'aucun recours.

TITRE IV

COMPÉTENCE EN CAS DE COMPLICITÉ

76. Lorsque la poursuite d'un crime, d'un délit ou d'une contravention comprend les individus non justiciables des tribunaux militaires et des militaires ou autres individus justiciables de ces tribunaux, tous les prévenus indistinctement sont traduits devant les tribunaux ordinaires, sauf les cas exceptés par l'article suivant ou par toute autre disposition expresse de la loi.

77. *Tous* les prévenus indistinctement sont traduits devant les tribunaux militaires :

1° Lorsqu'ils sont tous militaires ou assimilés aux militaires, alors même qu'un ou plusieurs d'entre eux ne seraient pas justiciables de ces tribunaux, en raison de leur position au moment du crime ou du délit ;

2° S'il s'agit de crimes ou de délits commis par des justiciables des conseils de guerre et *par des étrangers* ;

3° S'il s'agit de crimes ou de délits commis aux armées en pays étranger ;

4° S'il s'agit des crimes ou des délits commis à l'armée, sur le territoire *français, en présence de l'ennemi.*

78. Lorsqu'un crime ou un délit a été commis de complicité par des individus justiciables des tribunaux de l'armée de terre et par des individus justiciables des tribunaux de la marine, la connaissance en est attribuée aux juridictions maritimes, si le fait a été commis sur les vaisseaux et autres navires de l'Etat ou dans l'enceinte des ports militaires, arsenaux ou autres établissements maritimes.

79. Si le crime ou le délit a été commis en tous autres lieux que ceux qui sont indiqués dans l'article précédent, les tribunaux de l'armée de terre sont seuls compétents. Il en est de même si les vaisseaux, ports, arsenaux ou autres établissements maritimes où le fait a été commis se trouvent dans une circonscription en état de siège.

TITRE V

DES POURVOIS DEVANT LA COUR DE CASSATION

80. Ne peuvent, en aucun cas, se pourvoir en

cassation contre les jugements des conseils de guerre et des conseils de revision :

1° Les militaires, les assimilés aux militaires et tous autres individus désignés dans les articles 55, 56 et 57 ci-dessus ;

2° Les individus soumis, à raison de leur position, aux lois et règlements militaires ;

3° Les justiciables des conseils de guerre dans les cas prévus par les articles 62, 63 et 64 ci-dessus ;

4° Tous individus enfermés dans une place de guerre en état de siège.

81. Les accusés ou condamnés qui ne sont pas compris dans les désignations de l'article précédent peuvent attaquer les jugements des conseils de guerre et des conseils de revision devant la Cour de cassation, mais pour cause d'incompétence seulement.

Le pourvoi en cassation ne peut être formé avant qu'il ait été statué sur le recours en revision ou avant l'expiration du délai fixé pour l'exercice de ce recours.

Les pourvois en cassation contre les jugements des conseils de guerre sont absolument interdits en temps de guerre, pour tous les condamnés sans exception, lorsque le recours en revision a été suspendu comme il est dit au 2e paragraphe de l'article 71.

82. Les dispositions des articles 441, 442, 443, 444, 445, 446, 447 et 542, § 1er, du Code d'instruction criminelle sont applicables aux jugements des tribunaux militaires. Il n'est pas dérogé aux dispositions de l'article 527 du même Code.

LIVRE III

DE LA PROCÉDURE
DEVANT LES TRIBUNAUX MILITAIRES

TITRE PREMIER·

PROCÉDURE DEVANT LES CONSEILS DE GUERRE

CHAPITRE PREMIER

Procédure devant les conseils de guerre dans les circonscriptions territoriales en état de paix.

SECTION PREMIÈRE

De la police judiciaire et de l'instruction.

83. La police judiciaire militaire recherche les crimes ou délits, en rassemble les preuves, et en livre les auteurs à l'autorité chargée d'en poursuivre la répression devant les tribunaux militaires.

84. La police judiciaire militaire est exercée, sous l'autorité du général commandant la circonscription :

1° Par les adjudants de place ;

2° Par les officiers, sous-officiers et commandants de brigade de gendarmerie ;

3° Par les chefs de poste ;

4° Par les gardes de l'artillerie èt du génie ; .

5° Par les rapporteurs près les conseils de guerre, en cas de flagrant délit.

85. Les commandants et majors de place, les chefs de corps, de dépôt et de détachement, les chefs de service d'artillerie et du génie, les membres du corps de l'intendance militaires, peuvent faire personnellement ou requérir les officiers de police judiciaire, chacun en ce qui le concerne, de faire tous les actes nécessaires à l'effet de constater les crimes et les délits et d'en livrer les auteurs aux tribunaux chargés de les punir.

Les chefs de corps peuvent déléguer les pouvoirs qui leur sont donnés par le précédent paragraphe à l'un des officiers sous leurs ordres.

86. Les officiers de police judiciaire reçoivent, en cette qualité, les dénonciations et les plaintes qui leur sont adressées.

Ils rédigent les procès-verbaux nécessaires pour constater le corps du délit et l'état des lieux.

Ils reçoivent les déclarations des personnes présentes ou qui auraient des renseignements à donner.

Ils se saisissent des armes, effets, papiers et piéces tant à charge qu'à décharge, et, en général, de tout ce qui peut servir à la manifestation de la vérité, en se conformant aux articles 31, 33, 36, 37, 38, 39 et 65 du Code d'instruction criminelle.

87. Dans les cas de flagrant délit, tout officier de police judiciaire militaire ou ordinaire peut faire saisir les militaires ou les individus justiciables des tribunaux militaires, inculpés d'un

crime ou d'un délit. Il les fait conduire immédiatement devant l'autorité militaire et dresse procès-verbal de l'arrestation, en y consignant leurs
noms, qualités et signalement.

88. Hors le cas de flagrant délit, tout militaire
ou tout individu justiciable des conseils de guerre,
en activité de service, inculpé d'un crime ou d'un
délit, ne peut être arrêté qu'en vertu de l'ordre
de ses supérieurs.

89. Lorsque l'autorité militaire. est appelée,
hors le cas de flagrant délit, à constater, dans
un établissement civil un crime ou un délit de la
compétence des tribunaux militaires ou à y faire
arrêter un de ses justiciables, elle adresse à l'autorité civile ou judiciaire compétente ses réquisitions tendant soit à obtenir l'entrée de cet
établissement, soit à assurer l'arrestation de
l'inculpé.

L'autorité judiciaire ordinaire est tenue de
déférer à ces réquisitions, et, dans le cas de
conflit, de s'assurer de la personne de l'inculpé.

Lorsqu'il s'agit d'un établissement maritime,
la réquisition est adressée à l'autorité maritime.

90. Les mêmes réquisitions sont adressées par
l'autorité civile à l'autorité militaire, lorsqu'il y
a lieu soit de constater un crime ou un délit de
la compétence des tribunaux ordinaires dans un
établissement militaire, soit d'y arrêter un individu justiciable de ces tribunaux.

L'autorité militaire est tenue de déférer à ces
réquisitions, et, dans le cas de conflit, de s'assurer de la personne de l'inculpé.

91. Les officiers de police judiciaire militaire
ne peuvent s'introduire dans une maison particulière, si ce n'est avec l'assistance, soit du juge

de paix, soit de son suppléant; soit du maire, soit de son adjoint, soit du commissaire de police.

92. Chaque feuillet de procès-verbal dressé par un officier de police judiciaire militaire est signé par lui et par les personnes qui y ont assisté. En cas de refus ou d'impossibilité de signer de la part de celles-ci, il en est fait mention.

93. A défaut d'officier de police judiciaire militaire présent sur les lieux, les officiers de police judiciaire ordinaire recherchent et constatent les crimes et les délits soumis à la juridiction des conseils de guerre.

94. Dans le cas d'insoumission, la plainte est dressée par le commandant du dépôt de recrutement du département auquel appartient l'insoumis.

La plainte énonce l'époque à laquelle l'insoumis aurait dû rejoindre.

Sont annexés à la plainte :

1° La copie de la notification faite à domicile de la lettre de mise en activité ;

2° La copie des pièces énonçant que l'insoumis n'est pas arrivé à la destination qui lui avait été assignée ;

3° L'exposé des circonstances qui ont accompagné l'insoumission.

S'il s'agit d'un engagé volontaire ou d'un remplaçant qui n'a pas rejoint le corps, une expédition de l'acte de l'engagement ou du remplacement est annexée à la plainte.

95. Dans le cas de désertion, la plainte est dressée par le chef du corps ou du détachement auquel le déserteur appartient.

Sont annexés à cet acte :

1° Un extrait du registre matricule du corps ;

2° Un état indicatif des armes et des objets qui auraient été emportés par l'inculpé ;

3° L'exposé des circonstances qui ont accompagné la désertion.

96. Il n'est pas dérogé par les articles précédents aux lois, décrets et règlements relatifs aux devoirs imposés à la gendarmerie, aux chefs de poste et autres militaires dans l'exercice de leurs fonctions ou pendant le service.

97. Les actes et procès-verbaux dressés par les officiers de police judiciaire militaire sont transmis sans délai, avec les pièces et documents, au général commandant la circonscription.

Les actes et procès-verbaux émanés des officiers de police ordinaire sont transmis directement au procureur de la République, qui les adresse sans délai au général commandant la circonscription.

98. S'il s'agit d'un individu justiciable des tribunaux ordinaires, le général commandant envoie les pièces au procureur de la République près le tribunal du chef-lieu de la circonscription militaire ; et, si l'inculpé est arrêté, il le met à la disposition de ce magistrat et en informe le Ministre de la guerre.

99. La poursuite des crimes et délits ne peut avoir lieu, à peine de nullité, que sur un ordre d'informer donné par le général commandant la circonscription, soit d'office, soit d'après les rapports, actes ou procès-verbaux dressés conformément aux articles précédents.

L'ordre d'informer est donné par le Ministre

de la guerre si l'inculpé est colonel, officier général ou maréchal de France.

100. L'ordre d'informer pour chaque affaire est adressé au commissaire du gouvernement près le conseil de guerre qui doit en connaître, avec les rapports, procès-verbaux, pièces, objets saisis et autres documents à l'appui.

Le commissaire du gouvernement transmet immédiatement toutes les pièces au rapporteur.

101. Le rapporteur procède à l'interrogatoire du prévenu.

Il l'interroge sur ses nom, prénoms, âge, lieu de naissance, profession, domicile, et sur les circonstances du délit; il lui fait représenter toutes les pièces pouvant servir à conviction, et il l'interpelle pour qu'il ait à déclarer s'il les reconnaît.

S'il y a plusieurs prévenus du même délit, chacun d'eux est interrogé séparément, sauf à les confronter, s'il y a lieu.

L'interrogatoire fini, il en est donné lecture au prévenu, afin qu'il déclare si ces réponses ont été fidèlement transcrites, si elles contiennent la vérité et s'il y persiste. L'interrogatoire est signé par le prévenu et clos par la signature du rapporteur et celle du greffier.

Si le prévenu refuse de signer, mention est faite de son refus.

Il est pareillement donné lecture au prévenu des procès-verbaux de l'information.

102. Le rapporteur cite les témoins par le ministère des agents de la force publique et les entend; il décerne les commissions rogatoires et fait les autres actes d'instruction que l'affaire peut exiger en se conformant aux articles 73, 74,

75, 76, 78, 79, 82, 83 et 85 du Code d'instruction criminelle.

Si les témoins résident hors du lieu où se fait l'information, le rapporteur peut requérir, par commission rogatoire, soit le rapporteur, près le conseil de guerre, soit le juge d'instruction, soit le juge de paix du lieu dans lequel ces témoins sont résidents, à l'effet de recevoir leur déposition.

Le rapporteur saisi de l'affaire peut également adresser des commissions rogatoires aux fonctionnaires ci-dessus mentionnés lorsqu'il faut procéder hors du lieu où se fait l'information soit aux recherches prévues par l'article 86 du présent Code, soit à tout autre acte d'instruction.

103. Toute personne citée pour être entendue en témoignage est tenue de comparaître et de satisfaire à la citation. Si elle ne comparaît pas, le rapporteur peut, sur les conclusions du commissaire du gouvernement, sans autre formalité ni délai, prononcer une amende qui n'excède pas 100 francs, et peut ordonner que la personne citée sera contrainte par corps à venir donner son témoignage.

Le témoin ainsi condamné à l'amende sur le premier défaut et qui, sur la seconde citation, produira devant le rapporteur des excuses légitimes pourra, sur les conclusions du commissaire du gouvernement, être déchargé de l'amende.

104. Si les déclarations ont été recueillies par un magistrat ou un officier de police judiciaire ayant l'ordre d'informer, le rapporteur peut se dispenser d'entendre ou de faire entendre les témoins qui auront déjà déposé.

105. Si le prévenu n'est pas arrêté, le rapporteur peut décerner contre lui soit un mandat de comparution, soit un mandat d'amener.

Le mandat est adressé par le commissaire du gouvernement au commandant militaire du lieu, qui le fait exécuter.

Après l'interrogatoire du prévenu, le mandat de comparution ou d'amener peut être converti en mandat de dépôt.

Le mandat de dépôt est exécuté sur l'exhibition qui en est faite au concierge de la prison.

Le commissaire du gouvernement rend compte au général commandant la circonscription des mandats de comparution, d'amener ou de dépôt qui ont été décernés par le rapporteur.

106. S'il résulte de l'instruction que le prévenu a des complices justiciables des conseils de guerre, le rapporteur en réfère, par l'intermédiaire du commissaire du gouvernement, au général commandant la circonscription, et il est procédé à l'égard des prévenus de complicité conformément à l'article 99.

Si les complices ou l'un d'eux ne sont pas justiciables des conseils de guerre, le commissaire du gouvernement en donne avis sur-le-champ au général commandant la circonscription qui renvoie l'affaire à l'autorité compétente.

107. Pendant le cours de l'instruction, le commissaire du gouvernement peut prendre connaissance des pièces de la procédure et faire toutes les réquisitions qu'il juge convenables.

SECTION II.

De la mise en jugement et de la convocation du conseil de guerre.

108. L'instruction terminée, le rapporteur transmet les pièces, avec son rapport et son avis, au commissaire du gouvernement, lequel les adresse immédiatement, avec ses conclusions, au général commandant la circonscription, qui prononce sur la mise en jugement.

Lorsque c'est le Ministre de la guerre qui a donné l'ordre d'informer, les pièces lui sont adressées par le général commandant la circonscription, et il statue directement sur la mise en jugement.

109. L'ordre de mise en jugement, ou, suivant le cas, l'ordonnance de non lieu, est adressé au commissaire du gouvernement avec toutes les pièces de la procédure. S'il y a mise en jugement, le commissaire du gouvernement, trois jours au moins avant la réunion du conseil de guerre, notifie cet ordre à l'accusé, en lui faisant connaître le crime ou délit pour lequel il est mis en jugement, le texte de la loi applicable et les noms des témoins qu'il se propose de faire citer.

Il l'avertit, en outre, à peine de nullité, que, s'il ne fait pas choix d'un défenseur, il lui en sera nommé un d'office par le président.

110. Le défenseur doit être pris soit parmi les militaires, soit parmi les avocats et les avoués, à moins que l'accusé n'obtienne du président la permission de prendre pour défenseur un de ses parents ou amis.

111. Le général commandant la circonscription, en adressant l'ordre de mise en jugement, ordonne de convoquer le conseil de guerre et fixe le jour et l'heure de sa réunion ; il en donne avis au président et au commissaire du gouvernement, qui fait les convocations nécessaires.

112. Le défenseur de l'accusé peut communiquer avec lui aussitôt l'accomplissement des formalités prescrites par l'article 109 ; il peut aussi prendre communication sans déplacement ou obtenir copie, à ses frais, de tout ou partie des pièces de la procédure, sans néanmoins que la réunion du conseil de guerre puisse être retardée.

SECTION III.

De l'examen et du jugement.

113. Le conseil de guerre se réunit au jour et à l'heure fixés par l'ordre de convocation.

Des exemplaires du présent Code, du Code d'instruction criminelle et du Code pénal ordinaire sont déposés sur le bureau.

Les séances sont publiques, à peine de nullité ; néanmoins, si cette publicité paraît dangereuse pour l'ordre ou pour les mœurs, le conseil ordonne que les débats aient lieu à huis clos. Dans tous les cas, le jugement est prononcé publiquement.

Le conseil peut interdire le compte rendu de l'affaire ; cette interdiction ne peut s'appliquer au jugement.

114. Le président a la police de l'audience.

115. Les assistants sont sans armes; ils se

tiennent découverts, dans le respect et le silence. Lorsque les assistants donnent des signes d'approbation ou d'improbation, le président les fait expulser. S'ils résistent à ses ordres, le président ordonne leur arrestation et leur détention pendant un temps qui ne peut excéder quinze jours. Les individus justiciables des conseils de guerre sont conduits dans la prison militaire, et les autres individus à la maison d'arrêt civile. Il est fait mention, dans le procès-verbal, de l'ordre du président, et, sur l'exhibition qui est faite de cet ordre au gardien de la prison, les perturbateurs y sont reçus.

Si le trouble ou le tumulte a pour but de mettre obstacle au cours de la justice, les perturbateurs, quels qu'ils soient, sont, audience tenante, déclarés coupables de rébellion par le conseil de guerre et punis d'un emprisonnement qui ne peut excéder deux ans.

Lorsque les assistants ou les témoins se rendent coupables, envers le conseil de guerre ou l'un de ses membres, de voies de fait ou d'outrages ou menaces par propos ou gestes, ils sont condamnés séance tenante :

1º S'ils sont militaires ou assimilés aux militaires, quels que soient leurs grades ou rangs, aux peines prononcées par le présent Code contre ces crimes ou délits, lorsqu'ils ont été commis envers des supérieurs pendant le service;

2º S'ils ne sont ni militaires ni assimilés aux militaires, aux peines portées par le Code pénal ordinaire.

116. Lorsque des crimes ou des délits autres que ceux prévus par l'article précédent sont

commis dans le lieu des séances, il est procedé de la manière suivante :

1° Si l'auteur du crime ou du délit est justiciable des tribunaux militaires, il est jugé immédiatement.

2° Si l'auteur du crime ou du délit n'est point justiciable des tribunaux militaires, le président, après avoir fait dresser procès-verbal des faits et des dépositions de témoins, renvoie les pièces et l'inculpé devant l'autorité compétente.

117. Le président fait amener l'áccusé, lequel comparaît sous garde suffisante, libre et sans fers, assisté de son défenseur ; il lui demande ses nom et prénoms, son âge, sa profession, sa demeure et le lieu de sa naissance ; si l'accusé refuse de répondre, il est passé outre.

118. Si l'accusé refuse de comparaître, sommation d'obéir à la justice lui est faite au nom de la loi par un agent de la force publique commis à cet effet par le président. Cet agent dresse procès-verbal de la sommation et de la réponse de l'accusé. Si l'accusé n'obtempère pas à la sommation, le président peut ordonner qu'il soit amené par la force devant le conseil ; il peut également, après lecture faite à l'audience du procès-verbal constatant sa résistance, ordonner que, nonobstant son absence, il soit passé outre aux débats.

Après chaque audience, il est, par le greffier du conseil de guerre, donné lecture à l'accusé qui n'a pas comparu du procès-verbal des débats, et il lui est signifié copie des réquisitions du commissaire du gouvernement, ainsi que des jugements rendus, qui sont tous réputés contradictoires.

119. Le président peut faire retirer de l'au-

dience et reconduire en prison tout accusé qui, par des clameurs ou par tout autre moyen propre à causer du tumulte, met obstacle au libre cours de la justice, et il est procédé aux débats et au jugement comme si l'accusé était présent. L'accusé peut être condamné, séance tenante, pour ce seul fait, à un emprisonnement qui ne peut excéder deux ans.

Si l'accusé militaire ou assimilé aux militaires se rend coupable de voies de fait ou d'outrages ou menaces par propos ou gestes envers le conseil ou l'un de ses membres, il est condamné, séance tenante, aux peines prononcées par le présent Code contre ces crimes ou délits, lorsqu'ils ont été commis envers des supérieurs pendant le service.

Dans le cas prévu par le paragraphe précédent, si l'accusé n'est ni militaire ni assimilé aux militaires, il est condamné aux peines portées par le Code pénal ordinaire.

120. Dans les cas prévus par les articles 115, 116 et 119 du présent Code, le jugement rendu, le greffier en donne lecture à l'accusé et l'avertit du droit qu'il a de former un recours en revision dans les vingt-quatre heures. Il dresse procès-verbal, le tout à peine de nullité.

121. Le président fait lire par le greffier l'ordre de convocation, le rapport prescrit par l'article 108 du présent Code, et les pièces dont il lui paraît nécessaire de donner connaissance au conseil ; il fait connaître à l'accusé le crime ou le délit pour lequel il est poursuivi ; il l'avertit que la loi lui donne le droit de dire tout ce qui est utile à sa défense ; il avertit aussi le défenseur de l'accusé qu'il ne peut rien dire contre sa

conscience ou contre le respect qui est dû aux lois, et qu'il doit s'exprimer avec décence et modération.

122. Aucune exception tirée de la composition du conseil, aucune récusation ne peuvent être proposées contre les membres du conseil de guerre, sans préjudice du droit pour l'accusé de former un recours en revision dans les cas prévus par l'article 74, nº 1, du présent Code.

123. Si l'accusé a des moyens d'incompétence à faire valoir, il ne peut les proposer devant le conseil de guerre qu'avant l'audition des témoins.

Cette exception est jugée sur-le-champ.

Si l'exception est rejetée, le conseil passe au jugement de l'affaire, sauf à l'accusé à se pourvoir contre le jugement sur la compétence en même temps que contre la décision rendue sur le fond.

Il en est de même pour le jugement de toute autre exception ou de tout incident soulevé dans le cours des débats.

124. Les jugements sur les exceptions, les moyens d'incompétence et les incidents sont rendus à la majorité des voix.

125. Le président est investi d'un pouvoir discrétionnaire pour la direction des débats et la découverte de la vérité.

Il peut, dans le cours des débats, appeler, même par mandat de comparution ou d'amener, toute personne dont l'audition lui paraît nécessaire; il peut aussi faire apporter toute pièce qui lui paraîtrait utile à la manifestation de la vérité.

Les personnes ainsi appelées ne prêtent pas

serment, et leurs déclarations ne sont considérées que comme renseignements.

126. Dans le cas où l'un des témoins ne se présente pas, le conseil de guerre peut passer outre
aux débats, et lecture est donnée de la déposition
du témoin absent.

127. Si, d'après les débats, la déposition d'un
témoin paraît fausse, le président peut, sur la
réquisition soit du commissaire du gouvernement soit de l'accusé, et même d'office, faire
sur-le-champ mettre le témoin en état d'arrestation. Si le témoin est justiciable des conseils de
guerre, le président, ou l'un des juges nommés
par lui, procède à l'instruction. Quand elle est
terminée, elle est envoyée au général commandant la circonscription.

Si le témoin n'est pas justiciable des conseils
de guerre, le président, après avoir dressé procès-
verbal et avoir fait arrêter l'inculpé, s'il y a lieu,
le renvoie, avec le procès-verbal, devant les conseils de guerre.

128. Les dispositions des articles 315, 316, 317,
318, 319, 320, 321, 322, 323, 324, 325. 326, 327,
328, 329, 332, 333, 334, 354, 355 du Code d'instruction criminelle sont observées devant le procureur de la République du lieu où siègent les
conseils de guerre.

129. L'examen et les débats sont continués
sans interruption, et le président ne peut les
suspendre que pendant les intervalles nécessaires pour le repos des juges, des témoins et des
accusés.

Les débats peuvent être encore suspendus si
un témoin dont la déposition paraît essentielle
ne s'est pas présenté, ou si, la déclaration d'un

témoin ayant paru fausse, son arrestation a été ordonnée, ou lorsqu'un fait important reste à éclaircir.

Le conseil prononce sur la suspension des débats à la majorité des voix, et, dans le cas où la suspension dure plus de quarante-huit heures, les débats sont recommencés en entier.

130. Le président procède à l'interrogatoire de l'accusé et reçoit les dépositions des témoins.

Le commissaire du gouvernement est entendu dans ses réquisitions et développe les moyens qui appuient l'accusation.

L'accusé et son défenseur sont entendus dans leur défense.

Le commissaire du gouvernement réplique s'il le juge convenable ; mais l'accusé et son défenseur ont toujours la parole les derniers.

Le président demande à l'accusé s'il n'a rien à ajouter à sa défense et déclare ensuite que les débats sont terminés.

131. Le président fait retirer l'accusé.

Les juges se rendent dans la chambre du conseil, ou, si les localités ne le permettent pas, le président fait retirer l'auditoire.

Les juges ne peuvent plus communiquer avec personne, ni se séparer avant que le jugement ait été rendu. Ils délibèrent hors la présence du commissaire du gouvernement et du greffier.

Ils ont sous les yeux les pièces de la procédure.

Le président recueille les voix, en commençant par le grade inférieur ; il émet son opinion le dernier.

132. Les questions sont posées par le pré-

sident dans l'ordre suivant pour chacun des accusés :

1° L'accusé est-il coupable du fait qui lui est imputé ?

2° Ce fait a-t-il été commis avec telle ou telle circonstance aggravante ?.

Ce fait a-t-il été commis dans telle ou telle circonstance qui le rend excusable d'après la loi.

Si l'accusé est âgé de moins de 16 ans, le président pose cette question : L'accusé a-t-il agi avec discernement ?

133. Les questions indiquées par l'article précédent ne peuvent être résolues contre l'accusé qu'à la majorité de cinq voix contre deux.

134. Si l'accusé est déclaré coupable, le conseil de guerre délibère sur l'application de la peine.

Dans le cas où la loi autorise l'admission de circonstances atténuantes, si le conseil de guerre reconnaît qu'il en existe en faveur de l'accusé, il le déclare à la majorité absolue des voix.

La peine est prononcée à la majorité de cinq voix contre deux.

Si aucune peine ne réunit cette majorité, l'avis le plus favorable sur l'application de la peine est adopté.

135. En cas de conviction de plusieurs crimes ou délits, la peine la plus forte est seule prononcée.

136. Le jugement est prononcé en séance publique.

Le président donne lecture des motifs et du dispositif.

Si l'accusé n'est pas reconnu coupable, le conseil prononce son acquittement, et le président ordonne qu'il soit mis en liberté, s'il n'est retenu pour autre cause.

Si le conseil de guerre déclare que le fait commis par l'accusé ne donne lieu à l'application d'aucune peine, il prononce son absolution, et le président ordonne qu'il sera mis en liberté à l'expiration du délai fixé pour le recours en revision.

137. Tout individu acquitté ou absous ne peut être repris ni accusé à raison du même fait.

138. Si le condamné est membre de l'ordre national de la Légion d'honneur ou décoré de la médaille militaire, le jugement déclare, dans les cas prévus par les lois, qu'il cesse de faire partie de la Légion d'honneur ou d'être décoré de la médaille militaire.

139. Le jugement qui prononce une peine contre l'accusé le condamne aux frais envers l'Etat. Il ordonne, en outre, dans les cas prévus par la loi, la confiscation des objets saisis et la restitution, soit au profit de l'Etat, soit au profit des propriétaires, de tous objets saisis ou produits au procès comme pièces à conviction.

140. Le jugement fait mention de l'accomplissement de toutes les formalités prescrites par la présente section.

Il ne reproduit ni les réponses de l'accusé ni les dépositions des témoins.

Il contient les décisions rendues sur les moyens d'incompétence, les exceptions et les incidents.

Il énonce, à peine de nullité :

1° Les noms et grades des juges ;

2° Les nom, prénoms, âge, profession et domicile de l'accusé ;

3° Le crime ou délit pour lequel l'accusé a été traduit devant le conseil de guerre ;

4° La prestation de serment des témoins ;

5° Les réquisitions du commissáire du gouvernement ;

6° Les questions posées, les décisions et le nombre des voix ;

7° Le texte de la loi appliquée ;

8° La publicité des séances ou la décision qui a ordonné le huis clos ;

9° La publicité de la lecture du jugement faite par le président.

Le jugement, écrit par le greffier, est signé sans désemparer par le président, les juges et le greffier.

141. Le commissaire du gouvernement fait donner lecture du jugement à l'accusé par le greffier, en sa présence et devant la garde rassemblée sous les armes.

Aussitôt après cette lecture, il avertit le condamné que la loi lui accorde vingt-quatre heures pour exercer son recours devant le conseil de revision.

Le greffier dresse du tout un procès-verbal signé par lui et par le commissaire du gouvernement.

142. Lorsqu'il résulte, soit des pièces produites, soit des dépositions des témoins entendus dans les débats, que l'accusé peut être poursuivi pour d'autres crimes ou délits que ceux qui ont fait l'objet de l'accusation, le conseil de guerre, après le prononcé du jugement, renvoie, sur les réquisitions du commissaire du gouvernement, ou même d'office, le condamné au général qui a donné l'ordre de mise en jugement, pour être

procédé, s'il y a lieu, à l'instruction. S'il y a eu condamnation, il est sursis à l'exécution du jugement.

S'il y a eu acquittement ou absolution, le conseil de guerre ordonne que l'accusé demeure en état d'arrestation jusqu'à ce qu'il ait été statué sur les faits nouvellement découverts.

143. Le délai de vingt-quatre heures accordé au condamné pour se pourvoir en revision court à partir de l'expiration du jour où le jugement lui a été lu.

La déclaration du recours est reçue par le greffier ou par le directeur de l'établissement où est détenu le condamné. La déclaration ne peut être faite par le défenseur du condamné.

144. Dans le cas d'acquittement ou d'absolution de l'accusé, l'annulation du jugement ne pourra être poursuivie par le commissaire du gouvernement que conformément aux articles 409 et 410 du Code d'instruction criminelle.

Le recours du commissaire du gouvernement est formé, au greffe, dans le délai prescrit par l'article précédent.

145. S'il n'y a pas de recours en revision, et si, aux termes de l'article 80 du présent Code, le pourvoi en cassation est interdit, le jugement est exécutoire dans les vingt-quatre heures après l'expiration du délai fixé pour le recours.

S'il y a recours en revision, il est sursis à l'exécution du jugement.

146. Si le recours en revision est rejeté, et si, aux termes de l'article 80 du présent Code, le pourvoi en cassation est interdit. le jugement de condamnation est exécuté dans les vingt-quatre

heures après la réception du jugement qui a rejeté le recours.

147. Lorsque la voie du pourvoi en cassation est ouverte, aux termes de l'article 81 du présent Code, le condamné doit former son pourvoi dans les trois jours qui suivent la notification de la décision du conseil de revision, et, s'il n'y a pas eu recours devant ce conseil, dans les trois jours qui suivent l'expiration du délai accordé pour l'exercer.

Le pourvoi en cassation est reçu par le greffier ou par le directeur de l'établissement où est détenu le condamné.

148. Dans le cas où le pourvoi en cassation est autorisé par l'article 81 du présent Code, s'il n'y a pas eu pourvoi, le jugement de condamnation est exécuté dans les vingt-quatre heures après l'expiration du délai fixé pour le pourvoi, et, s'il y a eu pourvoi, dans les vingt-quatre heures après la réception de l'arrêt qui l'a rejeté.

149. Le commissaire du gouvernement rend compte au général commandant la circonscription, suivant les cas, soit du jugement de rejet du conseil de revision, soit de l'arrêt de rejet de la Cour de cassation, soit du jugement du conseil de guerre. S'il n'y a eu dans les délais ni recours en revision ni pourvoi en cassation, il requiert l'exécution du jugement.

150. Le général commandant la circonscription peut suspendre l'exécution du jugement, à la charge d'en informer sur-le-champ le Ministre de la guerre.

151. Les jugements des conseils de guerre sont exécutés sur les ordres du général commandant la circonscription et à la diligence du commis-

saire du gouvernement, en présence du greffier, qui dresse procès-verbal.

La minute de ce procès-verbal est annexée à la minute du jugement, en marge de laquelle il est fait mention de l'exécution.

Dans les trois jours de l'exécution, le commissaire du gouvernement est tenu d'adresser une expédition du jugement au chef du corps dont faisait partie le condamné.

Si le condamné est membre de la Légion d'honneur, décoré de la médaille militaire ou d'un ordre étranger, il est également adressé une expédition au grand chancelier.

Toute expédition du jugement de condamnation fait mention de l'exécution.

CHAPITRE II.

Procédure devant les conseils de guerre aux armées, dans les circonscriptions territoriales en état de guerre, dans les communes et les départements en état de siège et dans les places de guerre assiégées ou investies.

152. La procédure établie pour les conseils de guerre dans les divisions territoriales en état de paix est suivie dans les conseils de guerre aux armées, dans les divisions territoriales en état de guerre, dans les communes ou les départements en état de siège et les places de guerre assiégées ou investies, sauf les modifications portées dans les articles suivants.

153. Lorsqu'un officier de police judiciaire militaire, dans les cas prévus par les articles 89

et 91 du présent Code, doit pénétrer dans un établissement civil ou dans une habitation particulière, et qu'il ne se trouve sur les lieux aucune autorité civile chargée de l'assister, il peut passer outre, et mention en est faite dans le procès-verbal.

154. L'ordre d'informer est donné :

Par le général en chef à l'égard des inculpés justiciables du conseil de guerre du quartier-général de l'armée ;

Par le général commandant le corps d'armée à l'égard des inculpés justiciables du conseil de guerre du corps d'armée ;

Par le général commandant la division à l'égard des inculpés justiciables du conseil de guerre de la division ;

Par le commandant du détachement de troupes à l'égard des inculpés justiciables du conseil de guerre formé dans le détachement ;

Par le gouverneur ou commandant supérieur dans les places de guerre assiégées ou investies.

155. L'ordre de mise en jugement et de convocation du conseil de guerre est donné par l'officier qui a ordonné l'information.

156. Aux armées, dans les circonscriptions territoriales en état de guerre, et dans les places de guerre assiégées ou investies, l'accusé peut être traduit directement et sans instruction préalable devant le conseil de guerre.

La procédure est réglée comme il suit, à partir de la mise en jugement, qu'il y ait eu ou non instruction préalable :

1° La citation est faite à l'accusé vingt-quatre heures au moins avant la réunion du conseil ; elle contient notification de l'ordre de convocation; elle indique, conformément à l'article 109, le crime ou le délit pour lequel il est mis en jugement, le texte de la loi applicable et les noms des témoins que le commissaire rapporteur se propose de faire entendre.

Le commissaire rapporteur désigne un défenseur d'office avant la citation. L'accusé peut en présenter un de son choix jusqu'à l'ouverture des débats; la citation doit notifier à l'accusé le nom du défenseur désigné et l'avertir qu'il peut en choisir un autre;

2° Le défenseur peut prendre connaissance de l'affaire et de tous les documents et renseignements recueillis; à partir du moment où la citation a été donnée, il peut communiquer avec l'accusé;

3° Le conseil de guerre se réunit au jour indiqué et procède au jugement de l'accusé dans les formes prescrites par les articles 113 et suivants du présent Code. L'accusé a le droit, sans formalités ni citations préalables, de faire entendre à sa décharge tout témoin présent à l'audience et qu'il aura désigné au commissaire du gouvernement rapporteur avant l'ouverture des débats;

4° Les questions indiquées à l'article 132 sont résolues, et la peine est prononcée, à la majorité de cinq voix contre deux ou de trois voix contre deux, selon que le conseil de guerre est composée de sept juges ou seulement de cinq;

5° Le condamné pourra se pourvoir en revision dans le délai et suivant les formes prévues aux articles 143, 159 et suivants du présent Code, à moins que le droit de former ce recours n'ait été suspendu par application de l'article 71.

157. Le général en chef a, dans l'étendue de

son commandement, toutes les attributions dévo-
lues au Ministre de la guerre dans les circonscriptions territoriales par les articles 90, 106,
108 et 150 du présent Code, sauf les cas prévus
par les articles 209 et 210.

Les mêmes pouvoirs sont accordés au gouverneur et au commandant supérieur dans les
places de guerre assiégées ou investies.

158. Les conseils de guerre aux armées, dans
les divisions territoriales en état de guerre, dans
les communes et les départements en état de
siège et les places de guerre assiégées ou investies, statuent séance tenante sur tous les crimes et délits commis à l'audience, alors même
que le coupable ne serait pas leur justiciable.

TITRE II.

PROCÉDURE DEVANT LES CONSEILS DE REVISION.

159. Après la déclaration du recours, le commissaire du gouvernement près le conseil de
guerre adresse sans retard au commissaire du
gouvernement près le conseil de revision une
expédition du jugement et de l'acte de recours.
Il y joint les pièces de la procédure et la requête
de l'accusé si elle a été déposée.

160. Le commissaire du gouvernement près le
conseil de revision envoie sur-le-champ les pièces
de la procédure au greffe du conseil, où elles
restent déposées pendant vingt-quatre heures.

Le défenseur de l'accusé peut en prendre communication sans déplacement et produire avant

le jugement les requêtes, mémoires et pièces qu'il juge utiles.

Le greffier tient un registre sur lequel il mentionne à leur date les productions faites par le condamné.

161. A l'expiration du délai de vingt-quatre heures, les pièces de l'affaire sont renvoyées par le président à l'un des juges pour en faire le rapport.

162. Le conseil de revision prononce dans les trois jours, à dater du dépôt des pièces.

163. Dans le cas d'une des incapacités prévues par l'article 31 du présent Code, l'exception doit être proposée avant l'ouverture des débats, et elle est jugée par le conseil de revision, dont la décision est sans recours.

164. Le rapporteur expose les moyens de recours; il présente ses observations, sans toutefois faire connaître son opinion. Après le rapport, le défenseur du condamné est entendu; il ne peut plaider sur le fond de l'affaire,

Le commissaire du gouvernement discute les moyens présentés dans la requête ou à l'audience, ainsi que ceux qu'il croit devoir proposer d'office, et il donne ses conclusions, sur lesquelles le défenseur est admis à présenter ses observations.

165. Les juges se retirent dans la chambre du conseil; si les localités ne le permettent pas, ils font retirer l'auditoire; ils délibèrent hors de la présence du commissaire du gouvernement et du greffier.

Ils statuent sans désemparer et à la majorité des voix sur chacun des moyens proposés.

Le président recueille les voix, en commençant par le grade inférieur. Toutefois, le rapporteur opine toujours le premier.

Le jugement est motivé. En cas d'annulation, le texte de la loi violée ou faussement appliquée est transcrit dans le jugement.

Le jugement est prononcé, par le président, en audience publique.

La minute est signée par le président et par le greffier.

166. Si le recours est rejeté, le commissaire du gouvernement transmet le jugement du conseil de revision et les pièces au commissaire du gouvernement près le conseil de guerre qui a rendu le jugement, et il en donne avis au général commandant la circonscription.

167. Si le conseil de revision annule le jugement pour incompétence, il prononce le renvoi devant la juridiction compétente, et s'il l'annule pour tout autre motif, il renvoie l'affaire devant le conseil de guerre de la circonscription qui n'en a pas connu, ou, à défaut d'un second conseil de guerre dans la circonscription, devant celui d'une des circonscriptions voisines.

168. Le commissaire du gouvernement près le conseil de revision envoie au commissaire du gouvernement près le conseil de guerre dont le jugement est annulé une expédition du jugement d'annulation.

Ce jugement est, à la diligence du commissaire du gouvernement, transcrit sur les registres du conseil de guerre. Il en est fait mention en marge du jugement annulé.

169. Le commissaire du gouvernement près le conseil de revision transmet sans délai les pièces du procès, avec une expédition du jugement

d'annulation, au commissaire du gouvernement près le conseil de guerre devant lequel l'affaire est renvoyée.

Si le jugement a été annulé pour cause d'incompétence de la juridiction militaire, les pièces sont transmises au procureur de la République près le tribunal du lieu où siège le conseil de revision. Il est procédé, pour le surplus, comme à l'article 98 du présent Code.

170. Si l'annulation a été prononcée pour inobservation des formes, la procédure est recommencée à partir du premier acte nul. Il est procédé à de nouveaux débats.

Néanmoins, si l'annulation n'est prononcée que pour fausse application de la peine aux faits dont l'accusé a été déclaré coupable, la déclaration de la culpabilité est maintenue, et l'affaire n'est renvoyée devant le nouveau conseil de guerre que pour l'application de la peine.

171. Si le deuxième jugement est annulé, l'affaire doit être renvoyée devant un conseil de guerre qui n'en ait point connu.

172. Les dispositions des articles 110, 113, 114 115 du présent Code, relatifs aux conseils de guerre, sont applicables aux conseils de revision.

Dans les cas prévus par l'article 116, il est procédé comme au dernier paragraphe de cet article.

Dans tous les cas, les décisions sont prises à la majorité indiquée par l'article 165.

TITRE III.

PROCÉDURE DEVANT LES PRÉVÔTÉS.

173. Les prévôtés sont saisies par le renvoi que leur fait l'autorité militaire ou par la plainte de la partie lésée.

Dans le cas de flagrant délit, ou même en cas d'urgence, elles peuvent procéder d'office.

174. Les prévenus sont amenés devant la prévôté, qui juge publiquement.

La partie plaignante expose sa demande.

Les témoins prêtent serment.

Les prévenus présentent leur défense.

Le jugement est motivé; il est signé par le prévôt et par le greffier; il est exécutoire sur minute.

TITRE IV.

DE LA CONTUMACE ET DES JUGEMENTS PAR DÉFAUT.

175. Lorsque, après l'ordre de mise en jugement, l'accusé d'un fait qualifié crime n'a pu être saisi, ou lorsque, après avoir été saisi, il s'est évadé, le président du conseil de guerre rend une ordonnance indiquant le crime pour lequel l'accusé est poursuivi et portant qu'il sera tenu de se présenter dans un délai de dix jours.

Cette ordonnance est mise à l'ordre du jour.

176. Après l'expiration du délai de dix jours, à partir de la mise à l'ordre du jour de l'ordon-

nance du président, il est procédé, sur l'ordre du général commandant la circonscription, au jugement par contumace.

Nul défenseur ne peut se présenter pour l'accusé contumax.

Les rapports et procès-verbaux, la déposition des témoins et les autres pièces de l'instruction sont lus en entier à l'audience.

Le jugement est rendu dans la forme ordinaire, mis à l'ordre du jour et affiché à la porte du lieu où siège le conseil de guerre et à la mairie du domicile du condamné.

Le greffier et le maire dressent procès-verbal, chacun en ce qui le concerne.

Ces formalités tiennent lieu de l'exécution du jugement par effigie.

177. Le recours en revision contre les jugements par contumace n'est ouvert qu'au commissaire du gouvernement.

178. Les articles 471, 474, 475, 476, 477 et 478 du Code d'instruction criminelle sont applicables aux jugements par contumace rendus par les conseils de guerre.

179. Lorsqu'il s'agit d'un fait qualifié délit par la loi, si l'accusé n'est pas présent, il est jugé par défaut.

Le jugement, rendu dans la forme ordinaire, est mis à l'ordre du jour de la place, affiché à la porte du lieu où siège le conseil de guerre et signifié à l'accusé ou à son domicile.

Dans les cinq jours à partir de la signification, outre un jour par 5 myriamètres, l'accusé peut former opposition.

Ce délai expiré sans qu'il ait été formé opposition, le jugement est réputé contradictoire.

TITRE V.

DISPOSITIONS GÉNÉRALES.

180. La reconnaissance de l'identité d'un individu condamné par un conseil de guerre évadé et repris est faite par le conseil de guerre de la circonscription où se trouve le corps dont fait partie le condamné.

Si le condamné n'appartient à aucun corps, la reconnaissance est faite par le conseil de guerre qui a prononcé la condamnation, et, si le conseil a cessé ses fonctions, par le conseil de guerre de la circonscription sur le territoire de laquelle le condamné a été repris.

Le conseil statue sur la reconnaissance en audience publique, en présence de l'individu repris, après avoir entendu les témoins appelés tant par le commissaire du gouvernement que par l'individu repris; le tout à peine de nullité.

Le commissaire du gouvernement et l'individu repris ont la faculté de se pourvoir en revision contre le jugement qui statue sur la reconnaissance de l'identité.

Les dispositions des paragraphes 1 et 2 ci-dessus sont applicables au jugement des condamnés par contumace qui se représentent ou qui sont arrêtés.

181. Lorsque, après l'annulation d'un jugement, un second jugement rendu contre le même accusé est annulé pour les mêmes motifs que le premier, l'affaire est renvoyée devant un conseil de guerre d'une des circonscriptions voisines. Le

conseil doit se conformer à la décision du conseil de revision sur le point de droit.

Toutefois, s'il s'agit de l'application de la peine, il doit adopter l'interprétation la plus favorable à l'accusé.

Le troisième jugement ne peut plus être attaqué par les mêmes moyens, si ce n'est par la voie de cassation dans l'intérêt de la loi, aux termes des articles 441 et 442 du Code d'instruction criminelle.

182. Lorsque les conseils de guerre ou de revision aux armées, dans les circonscriptions territoriales en état de guerre, dans les communes et les départements en état de siège et les places de guerre assiégées ou investies, cessent leurs fonctions, les affaires dont l'information est commencée sont portées devant les conseils de guerre des circonscriptions territoriales désignées par le Ministre de la guerre.

183. Toutes assignations, citations et notifications aux témoins, inculpés ou accusés, sont faites sans frais par la gendarmerie ou par tous les autres agents de la force publique.

184. Les dispositions du chapitre V du titre VII du livre II du Code d'instruction criminelle, relatives à la prescription, sont applicables à l'action publique résultant d'un crime ou délit de la compétence des juridictions militaires, ainsi qu'aux peines résultant des jugements rendus par ces tribunaux.

Toutefois, la prescription contre l'action publique résultant de l'insoumission ou de la désertion ne commence à courir que du jour où l'insoumis ou le déserteur a atteint l'âge de 47 ans (1).

_____

(1) Aux termes de l'article 73 de la loi du 15 juillet

A quelque époque que l'insoumis ou le déserteur soit arrêté, il est mis à la disposition du Ministre de la guerre, pour compléter, s'il y a lieu, le temps de service qu'il doit encore à l'Etat.

LIVRE IV

DES CRIMES, DES DÉLITS ET DES PEINES

TITRE PREMIER

DES PEINES ET DE LEURS EFFETS

185. Les peines qui peuvent être appliquées par les tribunaux militaires en matière de crime sont :

La mort,

Les travaux forcés à perpétuité,

La déportation,

Les travaux forcés à temps,

La détention,

La réclusion,

Le bannissement,

La dégradation militaire.

186. Les peines en matière de délit sont :

La destitution,

Les travaux publics,

L'emprisonnement,

L'amende.

187. Tout individu condamné à la peine de mort par un conseil de guerre est fusillé.

188. Lorsque la condamnation à la peine de

1889, la prescription contre l'action publique résultant de l'insoumission ne commence à courir que du jour où l'insoumis a atteint l'âge de 50 ans.

mort est prononcée contre un militaire en vertu
des lois pénales ordinaires, elle entraine de plein
droit la dégradation militaire.

189. Les peines des travaux forcés, de la déportation, de la détention, de la réclusion et du
bannissement sont appliquées conformément
aux dispositions du Code pénal ordinaire.

Elles ont les effets déterminés par ce Code et
emportent, en outre, la dégradation militaire.

190. Tout militaire qui doit subir la dégradation militaire, soit comme peine principale,
soit comme accessoire d'une peine autre que la
mort, est conduit devant la troupe sous les armes. Après la lecture du jugement, le commandant prononce ces mots à haute voix : « N***
N*** (*nom et prénoms du condamné*), vous êtes
indigne de porter les armes ; au nom du peuple
français, nous vous dégradons. »

Aussitôt après, tous les insignes militaires et
les décorations dont le condamné est revêtu
sont enlevés ; et, s'il est officier, son épée est
brisée et jetée à terre devant lui.

La dégradation militaire entraine :

1° La privation du grade et du droit d'en porter les insignes et l'uniforme ;

2° L'incapacité absolue de servir dans l'armée,
à quelque titre que ce soit, et les autres incapacités prononcées par les articles 28 et 34 du
Code pénal ordinaire ;

3° La privation du droit de porter aucune
décoration et la déchéance de tout droit à pension et à récompense pour les services antérieurs.

191. La dégradation militaire, prononcée
comme peine principale, est toujours accompa-

gnée d'un emprisonnement dont la durée, fixée par le jugement, n'excède pas cinq années.

192. La destitution entraîne la privation du grade ou du rang et du droit d'en porter les insignes distinctifs et l'uniforme.

L'officier destitué ne peut obtenir ni pension ni récompense à raison de ses services antérieurs.

193. Le condamné à la peine des travaux publics est conduit à la parade revêtu de l'habillement déterminé par les règlements.

Il y entend devant les troupes la lecture de son jugement.

Il est employé aux travaux d'utilité publique. Il ne peut, en aucun cas, être placé dans les mêmes ateliers que les condamnés aux travaux forcés.

La durée de la peine est de deux ans au moins et de dix ans au plus.

194. La durée de l'emprisonnement est de six jours au moins et de cinq ans au plus.

195. Lorsque les lois pénales prononcent la peine de l'amende, les tribunaux militaires peuvent remplacer cette peine par un emprisonnement de six jours à six mois.

196. Dans les cas prévus par les articles 76, 77, 78 et 79 du présent Code, le tribunal compétent applique aux militaires et aux individus assimilés aux militaires les peines prononcées par les lois militaires ; aux individus appartenant à l'armée de mer, les peines prononcées par les lois maritimes, et à tous autres individus les peines prononcées par les lois ordinaires, à moins qu'il n'en soit autrement ordonné par une disposition expresse de la loi.

Les peines prononcées contre les militaires sont exécutées conformément aux dispositions du présent Code et à la diligence de l'autorité militaire.

1.97. Dans les mêmes cas, si les individus non militaires et non assimilés aux militaires sont déclarés coupables d'un crime ou d'un délit non prévu par les lois pénales ordinaires, ils sont condamnés aux peines portées par le présent Code contre ce crime ou ce délit.

Toutefois, les peines militaires sont remplacées à leur égard ainsi qu'il suit :

1° La dégradation militaire prononcée comme peine principale, par la dégradation civique ;

2° La destitution et les travaux publics par un emprisonnement d'un à cinq ans.

198. Lorsque les individus non militaires ou non assimilés aux militaires sont traduits devant un conseil de guerre, ce conseil peut leur faire application de l'article 463 du Code pénal ordinaire.

199. Les dispositions des articles 66, 67 et 69 du Code pénal ordinaire, concernant les individus âgés de moins de 16 ans, sont observées par les tribunaux militaires.

S'il est décidé que l'accusé a agi avec discernement, les peines de la dégradation militaire, de la destitution et des travaux publics sont remplacées par un emprisonnement d'un an à cinq ans dans une maison de correction.

200. Les peines prononcées par les tribunaux militaires commencent à courir, savoir :

Celle des travaux forcés, de la déportation, de la détention, de la réclusion et du bannissement, à partir du jour de la dégradation militaire ;

Celle des travaux publics, à partir du jour de la lecture du jugement devant les troupes.

Les autres peines comptent du jour où la condamnation est devenue irrévocable. Toutefois, si le condamné à l'emprisonnement n'est pas détenu, la peine court du jour où il est écroué.

201. Toute condamnation prononcée contre un officier par quelque tribunal que ce soit, pour l'un des délits prévus par les articles 401, 402, 403, 405, 406, 407 et 408 du Code pénal ordinaire entraîne la perte du grade.

202. Les articles 2, 3, 59, 60, 61, 62, 63, 64 et 65 du Code pénal ordinaire, relatifs à la tentative de crime ou de délit, à la complicité et aux cas d'excuse, sont applicables devant les tribunaux militaires, sauf les dérogations prévues par le présent Code.

203. Les fonctionnaires, agents, employés militaires et autres assimilés aux militaires sont, pour l'application des peines, considérés comme officiers, sous-officiers et soldats, suivant le grade auquel leur rang correspond.

TITRE II

DES CRIMES, DES DÉLITS ET DE LEUR PUNITION

CHAPITRE PREMIER

Trahison, espionnage, embauchage.

Art. 204.

Est puni de mort, avec dégradation militaire, tout militaire français, ou au service de la France, qui porte les armes contre la France.

Est puni de mort, tout prisonnier de guerre qui, ayant faussé sa parole, est repris les armes à la main.

Art. 205.

Est puni de mort, avec dégradation militaire, tout militaire :

1° Qui livre à l'ennemi, ou dans l'intérêt de l'ennemi soit la troupe qu'il commande, soit la place qui lui est confiée, soit les approvisionnements de l'armée, soit les plans des places de guerre ou des arsenaux maritimes, des ports ou rades, soit le mot d'ordre ou le secret d'une opération, d'une expédition ou d'une négociation;

2° Qui entretient des intelligences avec l'ennemi, dans le but de favoriser ses entreprises ;

3° Qui participe à des complots dans le but de forcer le commandant d'une place assiégée à se rendre ou à capituler.

4° Qui provoque à la fuite ou empêche le ralliement en présence de l'ennemi.

Art. 206.

Est considéré comme espion, et puni de mort, avec dégradation militaire :

1° Tout militaire qui s'introduit dans une place de guerre, dans un poste ou établissement militaire, dans les travaux, camps, bivouacs ou cantonnements d'une armée, pour s'y procurer des documents ou renseignements dans l'intérêt de l'ennemi ;

2° Tout militaire qui procure à l'ennemi des documents ou renseignements susceptibles de nuire aux opérations de l'armée ou de compromettre la sûreté des places, postes ou autres établissements militaires ;

3° Tout militaire qui, sciemment, recèle ou fait receler les espions ou les ennemis envoyés à la découverte.

Art. 207.

Est puni de mort tout ennemi qui s'introduit déguisé dans un des lieux désignés en l'article précédent.

Art. 208.

Est considéré comme embaucheur et puni de mort tout individu convaincu d'avoir provoqué des militaires à passer à l'ennemi ou aux rebelles armés, de leur en avoir sciemment facilité les moyens, ou d'avoir fait des enrôlements pour une puissance en guerre avec la France.

Si le coupable est militaire, il est, en outre, puni de la dégradation militaire.

CHAPITRE II.

Crimes ou délits contre le devoir militaire.

Art. 209.

Est puni de mort, avec dégradation militaire, tout gouverneur ou commandant qui, mis en jugement après avis d'un conseil d'enquête, est reconnu coupable d'avoir capitulé avec l'ennemi et rendu la place qui lui était confiée sans avoir épuisé tous les moyens de défense dont il disposait et sans avoir fait tout ce que prescrivaient le devoir et l'honneur.

Art. 210.

Tout général, tout commandant d'une troupe armée, qui capitule en rase campagne, est puni :

1º De la peine de mort, avec dégradation militaire, si la capitulation a eu pour résultat de faire poser les armes à sa troupe, ou si, avant de traiter verbalement ou par écrit, il n'a pas fait tout ce que lui prescrivaient le devoir et l'honneur ;

2º De la destitution dans tous les autres cas.

Art. 211.

Tout militaire qui, étant en faction ou en vedette, abandonne son poste sans avoir rempli sa consigne, est puni :

1º De la peine de mort, s'il était en présence de l'ennemi ou de rebelles armés ;

2º De deux ans à cinq ans de travaux publics,

si, hors le cas prévu par le paragraphe précédent, il était sur un territoire en état de guerre ou en état de siège ;

3° D'un emprisonnement de deux mois à un an dans tous les autres cas.

Art. 212.

Tout militaire qui, étant en faction ou en vedette, est trouvé endormi, est puni :

1° De deux ans à cinq ans de travaux publics s'il était en présence de l'ennemi ou de rebelles armés ;

2° De six mois à un an d'emprisonnement, si, hors le cas prévu par le paragraphe précédent, il était sur un territoire en état de guerre ou de siège ;

3° De deux mois à six mois d'emprisonnement dans tous les autres cas.

Art. 213.

Tout militaire qui abandonne son poste est puni :

1° De la peine de mort, si l'abandon a eu lieu en présence de l'ennemi ou de rebelles armés ;

2° De deux à cinq ans d'emprisonnement, si, hors le cas prévu par le paragraphe précédent, l'abandon a eu lieu sur un territoire en état de guerre ou en état de siège ;

3° De deux mois à six mois d'emprisonnement dans tous les autres cas.

Si le coupable est chef de poste, le maximum de la peine lui est toujours infligé.

Art. 214.

En temps de guerre, aux armées, ainsi que dans les communes et départements en état de siège et dans les places de guerre assiégées ou investies, tout militaire qui ne se rend pas à son poste en cas d'alerte, ou lorsque la générale est battue, est puni de six mois à deux ans d'emprisonnement ; s'il est officier, la peine est celle de la destitution.

Art. 215.

Tout militaire qui, hors le cas d'excuse légitime, ne se rend pas au conseil de guerre où il est appelé à siéger, est puni d'un emprisonnement de deux mois à six mois.

En cas de refus, si le coupable est officier, il peut être puni de la destitution.

Art. 216.

Les dispositions des art. 237, 238, 239, 240, 241, 242, 243, 247 et 248 du Code pénal ordinaire sont applicables aux militaires qui laissent évader des prisonniers de guerre ou d'autres individus arrêtés, détenus ou confiés à leur garde, ou qui favorisent ou procurent l'évasion de ces individus, ou les recèlent ou les font receler.

CHAPITRE III.

Révolte, insubordination et rébellion.

Art. 217.

Sont considérés comme en état de révolte, et punis de mort :

1° Les militaires sous les armes qui, réunis au nombre de quatre au moins et agissant de concert, refusent à la première sommation d'obéir aux ordres de leurs chefs ;

2° Les militaires qui, au nombre de quatre au

moins, prennent les armes sans autorisation et agissent contre les ordres de leurs chefs;

3° Les militaires qui, réunis au nombre de huit au moins, se livrent à des violences en faisant usage de leurs armes, et refusent, à la voix de leurs supérieurs, de se disperser ou de rentrer dans l'ordre.

Néanmoins, dans tous les cas prévus dans le présen article, la peine de mort n'est infligée qu'aux instigateurs ou chefs de la révolte, et au militaire le plus élevé en grade. Les autres coupables sont punis de cinq ans à dix ans de travaux publics, ou, s'ils sont officiers, de la destitution, avec emprisonnement de deux à cinq ans.

Dans le cas prévu par le n° 3 du présent article, si les coupables se livrent à des violences, sans faire usage de leurs armes, ils sont punis de cinq ans à dix ans de travaux publics, ou, s'ils sont officiers, de la destitution, avec emprisonnement de deux à cinq ans.

Art. 218.

Est puni de mort avec dégradation militaire tout militaire qui refuse d'obéir lorsqu'il est commandé pour marcher contre l'ennemi, ou pour tout autre service ordonné par son chef en présence de l'ennemi, ou de rebelles armés.

Si, hors le cas prévu par le paragraphe précédent, la désobéissance a eu lieu sur un territoire en état de guerre ou de siège, la peine est de cinq ans à dix ans de travaux publics, ou, si le coupable est officier, de la destitution avec emprisonnement de deux à cinq ans.

Dans tous les autres cas, la peine est celle de l'emprisonnement de un an à deux ans, ou, si le coupable est officier, celle de la destitution.

Art. 219.

Tout militaire qui viole ou force une consigne est puni :

1° De la peine de la détention, si la consigne a été violée ou forcée en présence de l'ennemi ou de rebelles armés ;

2° De deux ans à dix ans de travaux publics, ou, si le coupable est officier, de la destitution, avec emprisonnement de un an à cinq ans, quand, hors le cas prévu par le paragraphe précédent, le fait a eu lieu sur un territoire en état de guerre ou de siège ;

3° D'un emprisonnement de deux mois à trois ans, dans tous les autres cas.

Art. 220.

Est puni de mort tout militaire coupable de violence à main armée envers une sentinelle ou vedette.

Si les violences n'ont pas eu lieu à main armée et ont été commises par un militaire assisté d'une ou plusieurs personnes, la peine est de cinq ans à dix ans de travaux publics. Si, parmi les coupables, il se trouve un officier, il est puni de la destitution, avec emprisonnement de deux à cinq ans.

La peine est réduite à un emprisonnement de un an à cinq ans, si les violences ont été commises par un militaire seul et sans armes.

Est puni de six jours à un an d'emprisonnement, tout militaire qui insulte une sentinelle par paroles, gestes ou menaces.

Art. 221.

Est punie de mort, avec dégradation militaire,

toute voie de fait commise avec préméditation ou guet-apens par un militaire envers son supérieur.

Art. 222.

Est punie de mort toute voie de fait commise sous les armes par un militaire envers son supérieur.

Art. 223.

Les voies de fait exercées, pendant le service ou à l'occasion du service, par un militaire envers son supérieur, sont punies de mort.

Si les voies de fait n'ont pas eu lieu pendant le service ou à l'occasion du service, le coupable est puni de la destitution, avec emprisonnement de deux à cinq ans s'il est officier, et de cinq ans de travaux publics, s'il est sous-officier, caporal, brigadier ou soldat.

Art. 224.

Tout militaire qui, pendant le service ou à l'occasion du service, outrage son supérieur par paroles, gestes ou menaces, est puni de la destitution avec emprisonnement de un an à cinq ans si ce militaire est officier, et de cinq à dix ans de travaux publics s'il est sous-officier, caporal, brigadier ou soldat,

Si les outrages n'ont pas eu lieu pendant le service ou à l'occasion du service, la peine est de un à cinq ans d'emprisonnement.

Art. 225.

Tout militaire coupable de rébellion envers la force armée et les agents de l'autorité est puni de deux mois à six mois d'emprisonnement, et de six mois à deux ans de la même peine si la rébellion a eu lieu avec armes.

Si la rébellion a été commise par plus de deux militaires sans armes, les coupables sont punis de deux à cinq ans d'emprisonnement, et de la réclusion si la rébellion a eu lieu avec armes.

Toutes rébellion commise par des militaires armés, au nombre de huit au moins, est punie conformément aux paragraphes 3 et 5 de l'art. 217 du présent Code.

Le maximum de la peine est toujours infligé aux instigateurs ou chefs de rébellion et au militaire le plus élevé en grade.

CHAPITRE IV

Abus d'autorité.

Art. 226.

Est puni de mort tout chef militaire qui, sans provocation, ordre ou autorisation, dirige ou fait diriger une attaque à main armée contre des troupes ou des sujets quelconques d'une puissance alliée ou neutre.

Est puni de la destitution tout chef militaire qui, sans provocation, ordre ou autorisation, commet un acte d'hostilité quelconque sur un territoire allié ou neutre.

Art. 227.

Est puni de mort tout chef militaire qui prolonge les hostilités après avoir reçu l'avis officiel de la paix, d'une trève ou d'un armistice.

Art. 228.

Est puni de mort tout militaire qui prend un commandement sans ordre ou motif légitime, ou qui le retient contre l'ordre de ses chefs.

Art. 229.

Est puni d'un emprisonnement de deux mois à cinq ans tout militaire qui frappe son inférieur hors les cas de la légitime défense de soi-même ou d'autrui, ou de ralliement des fuyards, ou de la nécessité d'arrêter le pillage ou la dévastation.

CHAPITRE V:

INSOUMISSION ET DÉSERTION

SECTION PREMIÈRE

Insoumission

Art. 230.

Sont considérés comme insoumis et punis d'un emprisonnement de un mois à un an les engagés volontaires et les hommes appelés par la loi qui, n'ayant pas déjà servi, ne sont pas rendus à leur destination, hors le cas de force majeure, dans le mois qui suit le jour fixé par leur ordre de route.

Sont également considérés comme insoumis et punis de la même peine les hommes de la disponibilité et de la réserve de l'armée active, de l'armée territoriale et de la réserve de cette armée, à quelque catégorie qu'ils appartiennent, qui, ayant déjà servi et étant appelés à l'activité par ordre individuel, ne sont pas rendus à leur destination, hors le cas de force majeure, dans les quinze jours qui suivent celui fixé par leur ordre de route.

Les délais ci-dessus déterminés sont portés :

1° à deux mois pour les hommes demeurant en Algérie et en Europe ; 2° à six mois pour ceux demeurant en tout autre pays.

En temps de guerre ou en cas de mobilisation par voie d'affiches et de publications sur la voie publique, les délais ci-dessus sont réduits à deux jours pour les hommes dont il est parlé aux 1er et 2° paragraphes du présent article, et diminués de moitié pour ceux que le 3e paragraphe concerne.

En temps de guerre, la peine est de deux à cinq ans d'emprisonnement, sans préjudice des dispositions spéciales édictées par l'art. 61 de la loi du 27 juillet 1872 (1).

Conformément au dernier paragraphe de l'art. 68 de cette même loi, les peines prononcées par le présent article pourront être modifiées par application de l'art. 463 du Code pénal.

SECTION II.

Désertion à l'intérieur.

Art. 231.

Est considéré comme déserteur à l'intérieur :

1° Six jours après celui de l'absence constatée, tout sous-officier, caporal, brigadier ou soldat qui s'absente de son corps ou détachement, sans autorisation. Néanmoins, si le soldat n'a pas trois mois de service, il ne peut être considéré comme déserteur qu'après un mois d'absence ;

2° Tout sous-officier, caporal, brigadier ou soldat voyageant isolément d'un corps à un autre, et dont le congé ou la permission est expiré, et qui, dans les quinze jours qui suivent celui qui a été fixé pour son retour ou son arrivée au corps, ne s'y est pas présenté.

(1) La loi du 27 juillet 1872 a été abrogée et remptacée par la loi du 15 juillet 1889.

Art. 232.

Tout sous-officier, caporal, brigadier ou soldat, coupable de désertion à l'intérieur en temps de paix, est puni de deux ans à cinq ans d'emprisonnement, et de deux à cinq ans de travaux publics si la désertion a eu lieu en temps de guerre ou d'un territoire en état de guerre ou de siège.

La peine ne peut être moindre de trois ans d'emprisonnement ou de travaux publics, suivant le cas, dans les circonstances suivantes :

1° Si le coupable a emporté une de ses armes, un objet d'équipement ou d'habillement, ou s'il a emmené son cheval ;

2° S'il a déserté étant de service, sauf les cas prévus par les art. 211 et 213 du présent Code ;

3° S'il a déserté antérieurement.

Art. 233.

Est puni de six mois à un an d'emprisonnement tout officier absent de son corps ou de son poste sans autorisation depuis plus de six jours, ou qui ne s'y présente pas quinze jours après l'expiration de son congé ou de sa permission, sans préjudice de l'application, s'il y a lieu, des dispositions de l'art. 1er de loi du 19 mai 1834 sur l'état des officiers.

Tout officier qui abandonne son corps ou son poste sur un territoire en état de guerre ou de siège est déclaré déserteur après les délais déterminés par le paragraphe précédent, et puni de la destitution avec emprisonnement de deux à cinq ans.

Art. 234.

En cas de guerre, tous les délais fixés par les art. 231 et 233 précédents sont réduits des deux tiers.

SECTION III.

Désertion à l'étranger.

Art. 235.

Est déclaré déserteur à l'étranger, en temps de paix, trois jours, et, en temps de guerre, un jour après celui de l'absence constatée, tout militaire qui franchit sans autorisation les limites du territoire français, ou qui, hors de France, abandonne le corps auquel il appartient.

Art. 236.

Tout sous-officier, caporal, brigadier ou soldat coupable de désertion à l'étranger, est puni de deux ans à cinq ans de travaux publics, si la désertion a lieu en temps de paix.

Il est puni de cinq ans à dix ans de la même peine si la désertion a eu lieu en temps de guerre, ou d'un territoire en état de guerre ou de siège.

La peine ne peut être moindre de trois ans de travaux publics dans les cas prévus par le paragraphe 1er, et de sept ans dans le cas du paragraphe 2, dans les circonstances suivantes :

1° Si le coupable a emporté une de ses armes, un objet d'habillement ou d'équipement, ou s'il a emmené son cheval :

2° S'il a déserté étant de service, sauf les cas prévus par les art. 211 et 213 ;

3° S'il a déserté antérieurement.

Art. 237.

Tout officier coupable de désertion à l'étranger est puni de la destitution, avec emprisonnement de un à cinq ans, si la désertion a eu lieu en temps de paix, et de la détention si la désertion a eu lieu en temps de guerre, ou d'un territoire en état de guerre ou de siège.

SECTION IV.

Désertion à l'ennemi ou en présence de l'ennemi.

ART. 238.

Est puni de mort, avec dégradation militaire, tout militaire coupable de désertion à l'ennemi.

ART. 239.

Est puni de la détention tout déserteur en présence de l'ennemi.

SECTION V.

Dispositions communes aux sections précédentes.

ART. 240.

Est réputée désertion avec complot toute désertion effectuée de concert par plus de deux militaires.

ART. 241.

Est puni de mort :

1º Le coupable de désertion avec complot en présence de l'ennemi.

2º Le chef de complot de désertion à l'étranger.

Le chef du complot de désertion à l'intérieur est puni de cinq ans à dix ans de travaux publics s'il est sous-officier, caporal, brigadier ou soldat, et de la détention s'il est officier.

Dans tous les autres cas, le coupable de désertion avec complot est puni du maximum de la peine portée par les dispositions des sections précédentes, suivant la nature et les circonstances du crime ou du délit.

Art. 242.

Tout militaire qui provoque ou favorise la désertion est puni de la peine encourue par le déserteur, selon les distinctions établies au présent chapitre.

Tout individu non militaire ou non assimilé aux militaires, qui, sans être embaucheur pour l'ennemi ou les rebelles, provoque ou favorise la désertion, est puni par le tribunal compétent d'un emprisonnement de deux mois à cinq ans.

Art. 243.

Si un militaire reconnu coupable de désertion est condamné par le même jugement pour un fait entraînant une peine plus grave, cette peine ne peut être réduite par l'admission de circonstances atténuantes.

CHAPITRE VI.

Vente, détournement, mise en gage et recel des effets militaires.

Art. 244.

Est puni de un an à cinq ans d'emprisonnement tout militaire qui vend son cheval, ses effets d'armement, d'équipement ou d'habillement, des munitions ou tout autre objet à lui confié pour le service.

Est puni de la même peine tout militaire qui achète ou recèle lesdits effets.

La peine est de six mois à un an d'emprisonnement s'il s'agit d'effets de petit équipement.

Art. 245.

Est puni de six mois à deux ans d'emprisonnement tout militaire :

1° Qui dissipe ou détourne les armes, munitions, effets et autres objets à lui remis pour le service ;

2° Qui, acquitté du fait de désertion, ne représente pas le cheval qu'il aurait emmené, ou les armes ou effets qu'il aurait emportés.

Art. 246.

Est puni de six mois à un an d'emprisonnement tout militaire qui met en gage tout ou partie de ses effets d'armement, de grand équipement, d'habillement ou tout autre objet à lui confié pour le service.

La peine est de deux mois à six mois d'emprisonnement, s'il s'agit d'effets de petit équipement.

Art. 247.

Tout individu qui achète, recèle ou reçoit en gage des armes, munitions, effets d'habillement, de grand ou de petit équipement, ou tout autre objet militaire, dans des cas autres que ceux où les règlements autorisent leur mise en vente, est puni par le tribunal compétent de la même peine que l'auteur du délit.

CHAPITRE VII.

Vol.

Art. 248.

Le vol des armes et de munitions appartenant à l'Etat, celui de l'argent de l'ordinaire, de la solde, des deniers ou effets quelconques appartenant à des militaires ou à l'Etat, commis par des militaires qui en sont comptables, est puni des travaux forcés à temps.

Si le coupable n'en est pas comptable, la peine est celle de la réclusion.

S'il existe des circonstances atténuantes, la peine est celle de la réclusion ou d'un emprisonnement de trois ans à cinq ans, dans le cas du premier paragraphe, et celle d'un emprisonnement de un an à cinq ans, dans le cas du deuxième paragraphe,

En cas de condamnation à l'emprisonnement, l'officier coupable est, en outre, puni de la destitution.

Est puni de la peine de la réclusion et, en cas de circonstances atténuantes, d'un emprisonnement d'un an à cinq ans, tout militaire qui commet un vol au préjudice de l'habitant chez lequel il est logé.

Les dispositions du Code pénal ordinaire sont applicables aux vols prévus par les paragraphes précédents toutes les fois qu'en raison des circonstances, les peines qui y sont portées sont plus fortes que les peines prescrites par le présent Code.

Art. 249.

Est puni de la réclusion tout militaire qui dépouille un blessé. Le coupable est puni de mort si, pour dépouiller le blessé, il lui a fait de nouvelles blessures.

CHAPITRE VIII.

Pillage, destruction, dévastation d'édifices

Art. 250.

Est puni de mort, avec dégradation militaire, tout pillage ou dégât de denrées, de marchandises ou effets, commis par des militaires en bande, soit avec armes ou à force ouverte, soit avec bris de portes et clôtures extérieures, soit avec violence envers les personnes.

Le pillage en bande est puni de la réclusion dans tous les autres cas.

Néanmoins si, dans les cas prévus par le premier paragraphe, il existe parmi les coupables un ou plusieurs instigateurs, un ou plusieurs militaires pourvus de grades, la peine de mort n'est infligée qu'aux instigateurs et aux militaires les plus élevés en grade. Les autres coupables sont punis de la peine des travaux forcés à temps.

S'il existe des circonstances atténuantes, la peine de mort est réduite à celle des travaux forcés à temps, la peine des travaux forcés à temps à celle de la réclusion, et la peine de la réclusion à celle d'un emprisonnement d'un an à cinq ans.

En cas de condamnation à l'emprisonnement, l'officier coupable est, en outre, puni de la destitution.

Art. 251.

Est puni de mort, avec dégradation militaire, tout militaire qui, volontairement, incendie par un moyen quelconque ou détruit par l'explosion d'une mine des édifices, bâtiments, ouvrages militaires, des magasins, chantiers, vaisseaux, navires ou bateaux à l'usage de l'armée.

S'il existe des circonstances atténuantes, la peine est celle des travaux forcés à temps.

Art. 252.

Est puni des travaux forcés à temps tout militaire qui, volontairement, détruit ou dévaste, par d'autres moyens que l'incendie ou l'explosion d'une mine, des édifices, bâtiments, ouvrages militaires, magasins, chantiers, vaisseaux, navires ou bateaux à l'usage de l'armée.

S'il existe des circonstances atténuantes, la peine est celle de la réclusion, ou même de deux ans à cinq ans d'emprisonnement, et, en outre, de la destitution, si le coupable est officier.

Art. 253.

Est puni de mort, avec dégradation militaire, tout militaire qui, dans un but coupable, détruit ou fait détruire, en présence de l'ennemi, des moyens de défense, tout ou partie d'un matériel de guerre, des approvisionnements en armes, vivres, munitions, effets de campement, d'équipement ou d'habillement.

La peine est celle de la détention si le crime n'a pas eu lieu en présence de l'ennemi.

Art. 254.

Est puni de deux ans à cinq ans de travaux publics tout militaire qui, volontairement, détruit ou brise des armes, des effets de campement, de casernement, d'équipement ou d'habillement appartenant à l'Etat, soit que ces objets lui eussent été confiés pour le service, soit qu'ils fussent à l'usage d'autres militaires ; ou qui estropie ou tue un cheval, ou une bête de trait ou de somme, employé au service de l'armée.

Si le coupable est officier, la peine est celle de la destitution ou d'un emprisonnement de deux à cinq ans.

S'il existe des circonstances atténuantes, la peine

est réduite à un emprisonnement de deux mois à cinq ans.

Art. 255.

Est puni de la réclusion tout militaire qui, volontairement, détruit, brûle ou lacère des registres minutes ou actes originaux de l'autorité militaire.

S'il existe des circonstances atténuantes, la peine est celle d'un emprisonnement de deux ans à cinq ans, et, en outre, de la destitution, si le coupable est officier.

Art. 256.

Tout militaire coupable de meurtre sur l'habitant chez lequel il reçoit le logement, sur sa femme ou sur ses enfants, est puni de mort.

CHAPITRE IX.

Faux en matière d'administration militaire.

Art. 257.

Est puni des travaux forcés à temps tout militaire, tout administrateur ou comptable militaire qui porte sciemment sur les rôles, les états de situation ou de revue, un nombre d'hommes, de chevaux ou de journées de présence au-delà de l'effectif réel, qui exagère le montant des consommations, ou commet tout autre faux dans ses comptes.

S'il existe des circonstances atténuantes, la peine est la réclusion ou un emprisonnement de deux à cinq ans.

En cas de condamnation, l'officier coupable est, en outre, puni de la destitution.

Art. 258.

Est puni d'un an à cinq ans d'emprisonnement tout militaire, tout administrateur ou comptable militaire qui fait sciemment usage, dans son service, de faux poids ou de fausses mesures.

Art. 259.

Est puni de la réclusion tout militaire, tout administrateur ou comptable militaire qui contrefait ou tente de contrefaire les sceaux, timbres ou marques militaires destinés à être apposés soit sur les actes ou pièces authentiques relatifs au service militaire, soit sur des effets ou objets quelconques appartenant à l'armée, ou qui en fait sciemment usage.

Art. 260.

Est puni de la dégradation militaire tout militaire, tout administrateur ou comptable militaire qui, s'étant procuré les vrais sceaux, timbres ou marques ayant l'une des destinations indiquées à l'article précédent, en fait ou tente de faire une application frauduleuse ou un usage préjudiciable aux droits ou aux intérêts de l'Etat ou des militaires.

CHAPITRE X.

Corruption, prévarication et infidélité dans le service de l'administration militaire.

Art. 261.

Est puni de la dégradation militaire tout militaire, tout administrateur ou comptable militaire coupable de l'un des crimes de corruption ou de contrainte prévus par les art. 177 et 179 du Code pénal ordinaire.

Dans le cas où la corruption ou la contrainte aurait pour objet un fait criminel emportant une peine plus forte que la dégradation militaire, cette peine plus forte est appliquée au coupable.

S'il existe des circonstances atténuantes, le coupable est puni de trois mois à deux ans d'emprisonnement.

Toutefois, si la tentative de contrainte ou de corruption n'a eu aucun effet, la peine est de trois mois à six mois d'emprisonnement.

ART. 262.

Est puni d'un an à quatre ans d'emprisonnement tout médecin militaire qui, dans l'exercice de ses fonctions, pour favoriser quelqu'un, certifie faussement ou dissimule l'existence de maladies ou infirmités. Il peut, en outre, être puni de la destitution.

S'il a été mû par des dons ou promesses, il est puni de la dégradation militaire. Les corrupteurs sont, en ce cas, punis de la même peine.

ART. 263.

Est puni des travaux forcés à temps tout militaire, tout administrateur ou comptable militaire qui s'est rendu coupable des crimes ou délits prévus par les art. 169, 170, 174 et 175 du Code pénal ordinaire, relatifs à des soustractions commises par les dépositaires publics.

S'il existe des circonstances atténuantes, la peine est celle de la réclusion ou de deux ans à cinq ans d'emprisonnement, et, dans ce dernier cas, de la destitution, si le coupable est officier.

ART. 264.

Tout militaire, tout administrateur ou comptable militaire qui, hors les cas prévus par l'article précédent, trafique, à son profit, des fonds ou des deniers appartenant à l'Etat ou à des militaires, est puni d'un emprisonnement de un à cinq ans.

ART. 265.

Est puni de la réclusion tout militaire, tout administrateur ou comptable militaire qui falsifie ou fait falsifier des substances, matières, denrées ou liquides confiés à sa garde ou placés sous sa surveillance, ou qui, sciemment, distribue ou fait distribuer lesdites substances, matières, denrées ou liquides falsifiés.

La peine de la réclusion est également prononcée contre tout militaire, tout administrateur ou comptable militaire qui, dans un but coupable, distribue ou fait distribuer des viandes provenant d'animaux atteints de maladies contagieuses, ou des matières, substances, denrées ou liquides corrompus ou gâtés.

S'il existe des circonstances atténuantes, la peine de la réclusion est réduite à celle de l'emprisonnement d'un an à cinq ans, avec destitution, si le coupable est officier.

CHAPITRE XI.

Usurpation d'uniformes, costumes, insignes, décorations et médailles.

ART. 266.

Est puni d'un emprisonnement de deux mois à deux ans tout militaire qui porte publiquement des décorations, médailles, insignes, uniformes ou costumes français sans en avoir le droit.

La même peine est prononcée contre tout militaire qui porte des décorations, médailles ou insignes étrangers sans y avoir été préalablement autorisé.

TITRE III.

Dispositions générales.

ART. 267.

Les tribunaux militaires appliquent les peines portées par les lois pénales ordinaires à tous les crimes ou délits non prévus par le présent Code, et, dans ce cas, s'il existe des circonstances atténuantes, il est fait application aux militaires de l'art. 463 du Code pénal.

ART. 268.

Dans les cas prévus par les art. 251, 252, 253, 254 et 255 du présent Code, les complices, même non militaires, sont punis de la même peine que les auteurs du crime ou du délit, sauf l'application, s'il y a lieu, de l'art. 197 du présent Code

ART. 269.

Aux armées, dans les circonscriptions territoriales en état de guerre, dans les communes et les départements en état de siège et dans les places de guerre assiégées ou investies, tout justiciable des tribunaux militaires, coupable ou complice d'un des crimes prévus par le chapitre 1er du titre II du présent livre, est puni de la peine qui y est portée.

Art. 270.

Les peines prononcées par les art. 41, 43 et 44 de la loi du 21 mars 1832 (1) sur le recrutement de l'armée, sont applicables aux tentatives des délits prévus par ces articles, quelle que soit la juridiction appelée à en connaître.

Dans le cas prévu par l'article 45 de la même loi, ceux qui ont fait les dons et promesses sont punis des peines portées par ledit article contre les médecins, chirurgiens ou officiers de santé.

Art. 271.

Sont laissées à la répression de l'autorité militaire, et punies d'un emprisonnement dont la durée ne peut excéder deux mois :

1° Les contraventions de police commises par les militaires ;

2° Les infractions aux règlements relatifs à la discipline.

Toutefois, l'autorité militaire peut toujours, suivant la gravité des faits, déférer le jugement des contraventions de police au conseil de guerre, qui applique la peine déterminée par le présent article.

Art. 272.

Si, dans le cas prévu par l'article précédent, il y a une partie plaignante, l'action en dommages-intérêts est portée devant la juridiction civile.

---

(1) Abrogée par la loi du 27 juillet 1872 qui elle-même a été remplacée par la loi du 15 juillet 1889.

Art. 273.

Ne sont pas soumises à la juridiction des conseils de guerre les infractions commises par des militaires aux lois sur la chasse, la pêche, les douanes, les contributions indirectes, les octrois, les forêts et la grande voirie.

Art. 274.

Le régime et la police des compagnies de discipline, des établissements pénitentiaires, des ateliers de travaux publics, des lieux de détention militaire, sont réglés par des décrets du Président de la République.

Art. 275.

Sont abrogées, en ce qui concerne l'armée de terre, toutes les dispositions législatives et réglementaires relatives à l'organisation, à la compétence et à la procédure des tribunaux militaires, ainsi qu'à la pénalité en matière de crimes et de délits militaires.

EXTRAIT DE LA LOI DU 15 JUILLET 1889 SUR LE RECRUTEMENT DE L'ARMÉE.

TITRE PREMIER.

Dispositions générales.

Article 1er. Tout Français doit le service militaire personnel.

Art. 2. L'obligation du service militaire est égale pour tous. Elle a une durée de vingt-cinq années.

Le service militaire s'accomplit selon le mode déterminé par la présente loi.

Art. 3. Nul n'est admis dans les troupes françaises s'il n'est Français ou naturalisé Français, sauf les exceptions déterminées par la présente loi.

Art. 4. Sont exclus de l'armée, mais mis, soit pour leur temps de service actif, soit en cas de mobilisation, à la disposition du Ministre de la marine, qui détermine par arrêtés les services auxquels ils peuvent être affectés :

1° Les individus qui ont été condamnés à une peine afflictive et infamante ou à une peine infamante dans le cas prévu par l'article 177 du Code pénal :

2° Ceux qui, ayant été condamnés à une peine correctionnelle de deux ans d'emprisonnement et au-dessus, ont été, en outre, par application de l'article 42 du Code pénal, frappés de l'interdiction de tout ou partie de l'exercice des droits civiques, civils et de famille ;

3° Les relégués collectifs.

Les relégués individuels sont incorporés dans les corps de disciplinaires coloniaux. Le Ministre de la marine désigne le corps auquel chacun d'eux est affecté en cas de mobilisation.

Art. 5. Les individus reconnus coupables de crimes et condamnés seulement à l'emprisonnement par application de l'article 463 du Code pénal ;

Ceux qui ont été condamnés correctionnellement à trois mois de prison au moins pour outrage public à la pudeur, pour délit de vol, escroquerie, abus de confiance ou attentat aux mœurs prévu par l'article 334 du Code pénal ;

Ceux qui ont été l'objet de deux condamnations au moins, quelle qu'en soit la durée, pour l'un des délits spécifiés dans le paragraphe précédent

Sont incorporés dans les bataillons d'infanterie légère d'Afrique.

Ceux qui, au moment de l'appel de leur classe, se trouveraient retenus pour ces mêmes faits dans un établissement pénitentiaire seront incorporés dans lesdits bataillons à l'expiration de leur peine, pour y accomplir le temps de service prescrit par la présente loi.

Après un séjour d'une année dans ces bataillons, les hommes désignés au présent article qui seraient l'objet de rapports favorables de leurs chefs pourront être envoyés dans d'autres corps par le Ministre de la guerre.

Art. 6. Les dispositions des articles 4 et 5 ci-dessus ne sont pas applicables aux individus qui ont été condamnés pour faits politiques ou connexes à des faits politiques.

En cas de contestation, il sera statué par le tribunal civil du lieu du domicile, conformément à l'article 31 ci-après.

Ces individus suivront le sort de la première classe appelée après l'expiration de leur peine.

Art. 7. Nul n'est admis dans une administration de l'Etat s'il ne justifie avoir satisfait aux obligations imposées par la présente loi.

Art. 8. Tout corps organisé, quand il est sous les armes, est soumis aux lois militaires, fait partie de l'armée et relève soit du Ministre de la guerre, soit du Ministre de la marine.

Il en est de même des corps de vétérans que le Ministre de la guerre est autorisé à créer en temps de guerre et qui seraient recrutés par voie d'engagements volontaires parmi les hommes ayant accompli la totalité de leur service militaire.

Art. 20. Sont exemptés par le conseil de revision, siégeant au chef-lieu de canton, les jeunes gens que leurs infirmités rendent impropres à tout service actif ou auxiliaire.

Il leur est délivré, pour justifier de leur situation, un certificat qu'ils sont tenus de représenter à toute réquisition des autorités militaire, judiciaire ou civile.

Art. 21 (1). En temps de paix, après un an de présence sous les drapeaux, sont envoyés en

---

(1) Modifié par la loi du 6 novembre 1890.

congé dans leurs foyers, sur leur demande,
jusqu'à la date de leur passage dans la réserve :

1° L'aîné d'orphelins de père et de mère, ou
l'aîné d'orphelins de mère dont le père est légalement déclaré absent ou interdit ;

2° Le fils unique ou l'aîné des fils, ou, à défaut
de fils ou de gendre, le petit-fils unique ou l'aîné
des petits-fils d'une femme actuellement veuve
ou d'une femme dont le mari a été légalement
déclaré absent ou interdit, ou d'un père aveugle
ou entré dans sa 70° année ;

3° Le fils unique ou l'aîné des fils d'une famille
de sept enfants au moins.

Dans les cas prévus par les trois paragraphes
précédents, le frère puîné jouira de la dispense
si le frère aîné est aveugle ou atteint de toute
autre infirmité incurable qui le rende impotent ;

4° Le plus âgé des deux frères inscrits la
même année sur les listes de recrutement canto-
nal ou faisant partie du même appel ;

5° Celui dont un frère sera présent sous les
drapeaux, au moment de l'appel de la classe,
soit comme officier, soit comme appelé ou engagé volontaire pour trois ans au moins, soit
comme rengagé, breveté ou commissionné après
avoir accompli cette durée de service, soit enfin
comme inscrit maritime levé d'office, levé sur
sa demande, maintenu ou réadmis au service,
quelle que soit la classe de recrutement à laquelle
il appartient.

Ces dispositions sont applicables aux frères
des officiers mariniers des équipages de la flotte
appartenant à l'inscription maritime et servant

en qualité d'officiers mariniers du cadre de la maistrance.

Les dispositions des paragraphes 4 et 5 doivent toujours être appliquées de manière à ce que, sur deux frères se suivant à moins de trois années d'intervalle et reconnus tous deux aptes au service, l'un des deux ne fasse qu'une année en temps de paix.

Si ces deux frères servent comme appelés, le dispensé qui en fera la demande ne sera incorporé qu'après l'expiration du temps obligatoire de service de l'autre frère ;

6° Celui dont le frère sera mort en activité de service ou aura été réformé ou admis à la retraite pour blessures reçues dans un service commandé ou pour infirmités contractées dans les armées de terre ou de mer.

La dispense accordée conformément aux paragraphes 5 et 6 ci-dessus ne sera appliquée qu'à un seul frère pour un même cas, mais elle se répétera dans la même famille autant de fois que les mêmes droits s'y reproduiront.

Les demandes, accompagnées de documents authentiques justifiant de la situation des intéressés, sont adressées avant le tirage au sort au maire de la commune où les jeunes gens sont domiciliés. Il leur en sera donné récépissé.

L'appelé ou l'engagé qui, postérieurement soit à la décision du conseil de revision, soit à son incorporation, entre dans l'une des catégories prévues ci-dessus, est, sur sa demande et dès qu'il compte un an de présence au corps, envoyé en congé dans ses foyers jusqu'à la date de son passage dans la réserve.

Le jeune homme omis qui ne s'est pas présenté ou fait présenter par ses ayants cause devant le conseil de revision ne peut être admis au bénéfice des dispenses indiquées par le présent article si les motifs de ces dispenses ne sont survenus que postérieurement à la décision de ce conseil.

Le présent article n'est applicable qu'aux enfants légitimes. Les enfants naturels reconnus par le père ou par la mère ne pourront jouir que de la dispense organisée par l'article suivant et dans les conditions prévues par cet article.

Art. 22. En temps de paix, après un an de présence sous les drapeaux, peuvent être envoyés en congé dans leurs foyers sur leur demande, jusqu'à la date de leur passage dans la réserve, les jeunes gens qui remplissent effectivement les devoirs de soutiens indispensables de famille.

Les demandes sont adressées, avant le tirage au sort, au maire de la commune où les jeunes gens sont domiciliés. Il en sera donné récépissé. Elles doivent comprendre à l'appui :

1º Un relevé des contributions payées par la famille et certifié par le percepteur ;

2º Un avis motivé de trois pères de famille résidant dans la commune et ayant un fils sous les drapeaux ou, à défaut, dans la réserve de l'armée active et jouissant de leurs droits civils et politiques.

La liste de ces jeunes gens est présentée par le maire au conseil de revision, avec l'avis motivé du conseil municipal.

Le nombre des jeunes gens dispensés par le conseil départemental de revision, à titre de sou-

tiens indispensables de famille, ne peut dépasser
5 0/0 du contingent à incorporer pour trois ans.

Toutefois, le Ministre de la guerre peut auto-
riser les chefs de corps à délivrer, en plus du
chiffre fixé ci-dessus, des congés à titre de soutiens indispensables de famille aux militaires
comptant un an ou deux ans de présence sous
les drapeaux.

Le nombre des congés accordés en vertu du
paragraphe précédent ne pourra pas dépasser
1 0/0 après la première année et 1 0/0 après la
seconde.

Il sera calculé d'après l'effectif des hommes
de la classe appartenant au corps.

Les intéressés devront produire les justifications mentionnées ci-dessus.

Tous les ans, le maire de chaque commune
présente au conseil de revision, siégeant au
chef-lieu de canton, une délibération du conseil
municipal faisant connaître la situation des jeunes gens qui ont été renvoyés dans leurs foyers
comme soutiens de famille. Il est tenu de signa-
ler au conseil de revision les plaintes des personnes dans l'intérêt desquelles l'envoi en congé
a eu lieu en vertu du présent article et de l'article précédent.

Le conseil départemental de revision décide
s'il y a lieu ou non de maintenir ces dispenses.
Les jeunes gens dont le maintien en congé n'est
pas admis sont soumis à toutes les obligations
de la classe à laquelle ils appartiennent.

Art. 23 (1). En temps de paix, après un an de
présence sous les drapeaux, sont envoyés en

(1) Modifié par la loi du 26 décembre 1892.

congé dans leurs foyers, sur leur demande, jusqu'à la date de leur passage dans la réserve :

1° Les jeunes gens qui contractent l'engagement de servir pendant dix ans dans les fonctions de l'instruction publique, dans les institutions nationales des sourds-muets ou des jeunes aveugles dépendant du ministère de l'intérieur, et y rempliront effectivement un emploi de professeur, de maître-répétiteur ou d'instituteur ;

Les instituteurs laïques ainsi que les novices et membres des congrégations religieuses vouées à l'enseignement et reconnues d'utilité publique qui prennent l'engagement de servir pendant dix ans dans les écoles françaises d'Orient et d'Afriques subventionnées par le gouvernement français.

2° Les jeunes gens qui ont obtenu ou qui poursuivent leurs études en vue d'obtenir :

Soit le diplôme de licencié ès lettres, ès sciences, de docteur en droit, de docteur en médecine, de pharmacien de 1re classe, de vétérinaire, ou le titre d'interne des hôpitaux nommé au concours dans une ville où il existe une faculté de médecine ; soit le diplôme délivré par l'Ecole des chartes, l'Ecole des langues orientales vivantes.

Soit le diplôme supérieur délivré aux élèves externes par l'Ecole des ponts et chaussées, l'Ecole supérieure des mines, l'Ecole du génie maritime ; soit le diplôme supérieur délivré par l'Institut national agronomique, l'Ecole des haras du Pin aux élèves internes ; les Ecoles nationales d'agriculture de Grandjouan, de Grignon et de Montpellier ; l'Ecole des mines de Saint-Etienne, les Ecoles des maîtres ouvriers mineurs d'Alais et de Douai, les Ecoles nationales des arts et métiers d'Aix, d'Angers et de Châlons; l'Ecole des hautes études commerciales et les Ecoles supérieures de commerce reconnues par l'Etat ;

Soit l'un des prix de Rome, soit un prix ou médaille d'Etat dans les concours annuels de l'Ecole nationale des beaux-arts, du Conservatoire de musique et de l'Ecole nationale des arts décoratifs ;

3° Les jeunes gens exerçant les industries d'art qui sont désignés par un jury d'état départemental formé d'ouvriers et de patrons. Le nombre de ces jeunes gens ne pourra en aucun cas dépasser 1/2 p. 100 du contingent à incorporer pour trois ans ;

4° Les jeunes gens admis, à titre d'élèves ecclésiastiques, à continuer leurs études en vue d'exercer leur ministère dans l'un des cultes reconnus par l'Etat.

En cas de mobilisation, les étudiants en médecine et en pharmacie et les élèves ecclésiastiques sont versés dans le service de santé.

Tous les jeunes gens énumérés ci-dessus seront appelés pendant quatre semaines dans le cours de l'année qui précédera leur passage dans la réserve de l'armée active. Ils suivront ensuite le sort de la classe à laquelle ils appartiennent.

Des règlements d'administration publique détermineront : les conditions dans lesquelles sera contracté l'engagement décennal visé au paragraphe 1°, les justifications à produire par les jeunes gens visés aux paragraphes 2° et 4°, soit au moment de leur demande, soit chaque année pendant la durée de leurs études ; la nomenclature des industries d'art qui donneront lieu à la dispense prévue au paragraphe 3°, le mode de répartition de ces dispenses entre les départements, le mode de constitution du jury d'état pour les ouvriers d'art, ainsi que les justifications annuelles d'aptitude, de travail et d'exercice régulier de leur profession, que les jeunes gens dispensés sur la proposition du jury devront fournir jusqu'à l'âge de 26 ans.

Les mêmes règlements fixeront le nombre des diplômes supérieurs à délivrer annuellement, en vue de la dispense du service militaire, par chacune des écoles énumérées au troisième alinéa du paragraphe 2, et définiront ceux de ces diplômes qui ne sont pas définis par la loi ; ils fixeront également le nombre des prix et des médailles visés au quatrième alinéa du même paragraphe.

Art. 24. Les jeunes gens visés au paragraphe 1° de l'article précédent qui, dans l'année qui suivra leur année de service, n'auraient pas obtenu un emploi de professeur, de maître répétiteur ou d'instituteur, ou qui cesseraient de le remplir avant l'expiration du délai fixé ;

Ceux qui n'auraient pas obtenu avant l'âge de vingt-six ans les diplômes ou les prix spécifiés aux alinéas du paragraphe 2° ;

Les jeunes gens visés au paragraphe 3° qui ne fourniraient pas les justifications professionnelles prescrites ;

Les élèves ecclésiastiques mentionnés au paragraphe 4°, qui, à l'âge de 26 ans, ne seraient pas pourvus d'un emploi de ministre de l'un des cultes reconnus par l'Etat ;

Les jeunes gens visés par les articles 21, 22 et 23 qui n'auraient pas satisfait, dans le cours de leur année de service, aux conditions de conduite et d'instruction militaire déterminées par le Ministre de la guerre,

Ceux qui ne poursuivraient pas régulièrement les études en vue desquelles la dispense a été accordée,

Seront tenus d'accomplir les deux années de service dont ils avaient été dispensés.

Art. 25. Quand les causes de dispenses prévues aux articles 21, 22 et 23 viennent à cesser, les jeunes gens qui avaient obtenu ces dispenses sont soumis à toutes les obligations de la classe à laquelle ils appartiennent.

Ils peuvent se marier sans autorisation.

Art. 26. La liste des jeunes gens de chaque département dispensés en vertu des articles 21, 22, 23 et 50 sera publiée au *Bulletin administratif*, et les noms des dispensés de chaque commune seront affichés dans leur commune à la porte de la mairie.

En cas de guerre, ils sont appelés et marchent avec les hommes de leur classe.

Les dispositions de l'article 55 ci-après leur sont applicables.

Art. 27. Peuvent être ajournés deux années de suite à un nouvel examen du conseil de revision les jeunes gens qui n'ont pas la taille réglementaire de 1m,54 ou qui sont reconnus d'une complexion trop faible pour le service armé.

Les jeunes gens ajournés reçoivent, pour justifier de leur situation, un certificat, qu'ils sont tenus de représenter à toute réquisition des autorités militaire, judiciaire ou civile.

A moins d'une autorisation spéciale, ils sont astreints à comparaître à nouveau devant le conseil de revision du canton devant lequel ils ont comparu.

Ceux qui, après l'examen définitif, sont reconnus propres au service armé ou auxiliaire sont soumis, selon la catégorie dans laquelle ils sont placés, aux obligations de la classe à laquelle ils appartiennent.

Ils peuvent faire valoir les motifs de dispense énoncés aux articles 21, 22 et 23.

Les droits à la dispense prévus au paragraphe numéroté 5° de l'article 21 qui existaient au moment de l'ajournement, peuvent être valablement invoqués l'année suivante, lors même que pendant l'ajournement le frère du réclamant aurait cessé d'être présent sous les drapeaux.

Art. 28 (1). Les jeunes gens reçus à l'Ecole polytechnique, à l'Ecole forestière, ou à l'Ecole centrale des arts et manufactures, qui sont reconnus propres au service militaire, n'y sont définitivement admis qu'à la condition de contracter un engagement volontaire de trois ans pour les deux premières écoles et de quatre ans pour l'Ecole centrale.

Ils sont considérés comme présents sous les drapeaux dans l'armée active pendant tout le temps passé par eux dans lesdites écoles. Ils reçoivent, dans ces écoles, l'instruction militaire complète et sont à la disposition du Ministre de la guerre.

_____

(1) Modifié par la loi du 11 novembre 1892.

S'ils ne peuvent satisfaire aux examens de sortie ou s'ils sont renvoyés pour inconduite, ils sont incorporés dans un corps de troupe pour y terminer le temps de service qui leur reste à faire.

Les élèves de l'Ecole polytechnique admis dans l'un des services civils recrutés à l'Ecole, ou quittant l'Ecole, après avoir satisfait aux examens de sortie, sans entrer dans aucun de ces services, et les élèves de l'Ecole forestière admis dans l'administration des forêts, sont nommés sous-lieutenants de réserve et accomplissent en cette qualité, dans un corps de troupe, leur troisième année de service.

Ceux qui viendraient à quitter le service civil dans lequel ils ont été admis n'en resteront pas moins soumis aux obligations indiquées par le paragraphe précédent.

Les élèves de l'Ecole centrale des arts et manufactures quittant l'Ecole après avoir satisfait aux examens de sortie sont admis à subir des épreuves d'aptitude au grade de sous-lieutenant de réserve déterminées par le Ministre de la guerre.

Ceux de ces élèves qui satisfont à ces examens sont nommés sous-lieutenants de réserve et accomplissent, en cette qualité, dans un corps de troupe, leur quatrième année de service.

Ceux qui n'ont pas été jugés susceptibles d'être nommés immédiatement sous-lieutenants de réserve sont incorporés dans un corps de troupe comme simples soldats et accomplissent une année de service. A la fin de cette année de service, ils peuvent être nommés sous-

lieutenants de réserve s'ils satisfont aux conditions d'aptitude fixées par le Ministre.

Les jeunes gens qui, en sortant de l'Ecole
polytechnique, de l'Ecole forestière ou de l'Ecole
centrale ont été nommés sous-lieutenants de
réserve et qui donneraient leur démission avant
la fin de l'année de service qu'ils doivent accomplir dans un corps de troupe n'en resteront pas
moins soumis à toutes les conséquences de l'engagement volontaire de trois ou quatre ans contracté par eux lors de leur entrée à l'Ecole.

Les conditions d'aptitude physique pour l'entrée à ces écoles des jeunes gens qui, au moment de leur admission, ne sont pas aptes au
service militaire sont fixées par un règlement
d'administration publique.

Art. 29 (1). Les élèves du service de santé militaire et les élèves militaires des écoles vétérinaires
contractent, en entrant à l'école, l'engagement
de servir dans l'armée active pendant six ans au
moins, à dater de leur nomination au grade de
médecin aide-major de 2º classe ou d'aide-vétérinaire.

Ceux qui n'obtiendraient pas le grade d'aide-
major ou d'aide-vétérinaire, ou qui ne réaliseraient pas l'engagement sexennal, sont incorporés dans un corps de troupe pour trois ans,
sans déduction aucune du temps écoulé depuis
leur entrée à l'école.

Ces dispositions sont également applicables
aux élèves de l'Ecole de médecine navale.

Les élèves de l'Ecole d'administration de la

---

(1) Modifié par la loi du 26 décembre 1892.

marine contractent le même engagement et sont astreints aux mêmes obligations dans le cas où ils n'obtiendraient pas le grade d'aide-commissaire ou ne réaliseraient pas l'engagement sexennal.

Art. 30. Sont considérés comme ayant satisfait à l'appel de leur classe :

1º Les jeunes gens liés au service dans les armées de terre ou de mer en vertu d'un brevet ou d'une commission ;

2º Les jeunes marins portés sur les registres matricules de l'inscription maritime, conformément aux règles prescrites par les articles 1, 2, 3, 4 et 5 de la loi du 25 octobre 1795 (3 brumaire an IV).

Les premiers, s'ils cessent leur service, et les seconds, s'ils se font rayer de l'inscription maritime, sont tenus d'en faire la déclaration au maire de leur commune dans les deux mois, de retirer une expédition de leur déclaration et de la soumettre au préfet du département, sous les peines portées par l'article 76 ci-après.

Les uns et les autres accomplissent dans l'armée active le service prescrit par la présente loi, puis ils suivent le sort de la classe à laquelle ils appartiennent.

Toutefois, le temps déjà passé par eux au service de l'Etat est déduit du nombre d'années pendant lesquelles tout Français fait partie de l'armée active.

TITRE III.

DU SERVICE MILITAIRE.

CHAPITRE PREMIER.

BASES DU SERVICE.

Art. 37 (1). Tout Français reconnu propre au service militaire fait partie successivement :

De l'armée active pendant trois ans ;

De la réserve de l'armée active pendant dix ans ;

De l'armée territoriale pendant six ans ;

De la réserve de l'armée territoriale pendant six ans. (Loi du 19 juillet 1892.)

Art. 38. Le service militaire est réglé par classe.

L'armée active comprend, indépendamment les hommes qui ne proviennent pas des appels, tous les jeunes gens déclarés propres au service militaire et faisant partie des trois dernières classes appelées.

La réserve de l'armée active comprend tous ies hommes qui ont accompli le temps de service prescrit pour l'armée active.

(1) Modifié par la loi du 19 juillet 1892.

L'armée territoriale comprend tous les hommes qui ont accompli depuis moins de six ans le temps de service prescrit pour l'armée active et sa réserve.

La réserve de l'armée territoriale comprend les hommes qui ont accompli le temps de service prescrit pour cette dernière armée.

Art. 39. Chaque année, après l'achèvement des opérations de recrutement, le Ministre de la guerre fixe sur la liste du tirage au sort de chaque canton et proportionnellement, en commençant par les numéros les plus élevés, le nombre d'hommes qui seront envoyés dans leurs foyers en disponibilité après leur première année de service. Ces jeunes soldats resteront néanmoins à la disposition du Ministre, qui pourra les conserver sous les drapeaux ou les rappeler si leur conduite et leur instruction laissent à désirer, ou si l'effectif budgétaire le permet.

Art. 40. La durée du service compte du 1er novembre de l'année de l'inscription sur les tableaux de recensement, et l'incorporation du contingent doit avoir lieu, au plus tard, le 16 novembre de la même année.

En temps de paix, chaque année, au 31 octobre, les militaires qui ont accompli le temps de service prescrit :

1° Soit dans l'armée active ;

2° Soit dans la réserve de l'armée active ;

3° Soit dans l'armée territoriale ;

4° Soit dans la réserve de l'armée territoriale,

Sont envoyés respectivement :

1° Dans la réserve de l'armée active ;

2° Dans l'armée territoriale ;

3° Dans la réserve de l'armée territoriale ;

4° Dans leurs foyers, comme libérés à titre définitif.

Mention de ces divers passages et de la libération est faite sur le livret individuel.

Après les grandes manœuvres, la totalité de la classe dont le service actif expire le 31 octobre suivant peut être renvoyée dans ses foyers, en attendant son passage dans la réserve.

Dans le cas où les circonstances paraîtraient l'exiger, le Ministre de la guerre et le Ministre de la marine sont autorisés à conserver provisoirement sous les drapeaux la classe qui a terminé sa troisième année de service.

Notification de cette décision sera faite aux Chambres dans le plus bref délai possible.

En temps de guerre, les passages et la libération n'ont lieu qu'après l'arrivée de la classe destinée à remplacer celle à laquelle les militaires appartiennent. Cette disposition est exceptionnellement applicable, dès le temps de paix, aux hommes servant aux colonies.

Les militaires faisant partie de corps mobilisés peuvent y être maintenus jusqu'à la cessation des hostilités, quelle que soit la classe à laquelle ils appartiennent.

En temps de guerre, le Ministre peut appeler par anticipation la classe qui ne serait appelée que le 1er novembre suivant.

Art. 41. Ne compte pas, pour les années de service exigées par la présente loi dans l'armée active, la réserve de l'armée active et l'armée territoriale, le temps pendant lequel un militaire dans l'armée active, un réserviste ou un homme de l'armée territoriale, a subi la peine de l'emprisonnement en vertu d'un jugement, si cette peine a eu pour effet de l'empêcher d'accomplir au moment fixé tout ou partie des obligations d'activité qui lui sont imposées par la présente loi ou par les engagements qu'il a souscrits.

Ces individus seront tenus de remplir leurs obligations d'activité soit à l'expiration de leur peine s'ils appartiennent à l'armée active, soit au moment de l'appel qui suit leur élargissement s'ils font partie de la réserve de l'armée active ou de l'armée territoriale.

Toutefois, quelles que soient les déductions de service opérées, les hommes qui en sont l'objet sont rayés des contrôles en même temps que la classe à laquelle ils appartiennent.

Art. 50. En temps de paix, les jeunes gens qui, avant l'âge de 19 ans révolus, ont établi leur résidence à l'étranger, hors d'Europe, et qui y occuperont une situation régulière, pourront, sur l'avis du consul de France, être dispensés du service militaire pendant la durée de leur séjour à l'étranger. Ils devront justifier de leur situation chaque année.

S'ils rentrent en France avant l'âge de 30 ans, ils devront accomplir le service actif prescrit par la présente loi, sans toutefois pouvoir être retenus sous les drapeaux au delà de l'âge de 30 ans. Ils sont ensuite soumis à toutes les obligations de la classe à laquelle ils appartiennent.

S'ils rentrent après l'âge de 30 ans, ils ne seront soumis qu'aux obligations de leur classe.

Pendant la durée de leur établissement à l'étranger, ils ne pourront séjourner accidentellement en France plus de trois mois, et sous la réserve d'aviser le consul de leur absence.

Art. 51. En cas de mobilisation, nul ne peut se prévaloir de la fonction ou de l'emploi qu'il occupe pour se soustraire aux obligations de la classe à laquelle il appartient.

Sont seuls autorisés à ne pas rejoindre immédiatement, dans le cas de convocation par voie d'affiches et de publications sur la voie publique, les titulaires des fonctions et emplois désignés aux tableaux A, B et C annexés à la présente loi, sous la condition qu'ils occupent ces fonctions ou emplois depuis six mois au moins.

Les fonctionnaires et agents portés au tableau A, qui ne relèvent pas déjà des Ministres de la guerre ou de la marine, sont mis à la disposition de ces Ministres et attendent leurs ordres dans leur situation respective.

Les fonctionnaires et agents du tableau B qui ne comptent plus dans la réserve de l'armée active et les fonctionnaires et agents du tableau C, même appartenant à la réserve de l'armée active, ne rejoignent leurs corps que sur des ordres spéciaux.

Les hommes autorisés à ne pas rejoindre immédiatement sont, dès la publication de l'ordre de mobilisation, soumis à la juridiction des tribunaux militaires, par application de l'article 57 du Code de justice militaire.

Art. 52. Sous les drapeaux, les hommes de la réserve et de l'armée territoriale sont soumis à toutes les obligations imposées aux militaires de l'armée active par les lois et réglements en vigueur.

Ils sont justiciables des tribunaux militaires, en temps de paix comme en temps de guerre :

1º En cas de mobilisation, à partir du jour de leur rappel à l'activité jusqu'à celui où ils sont renvoyés dans leurs foyers ;

2º Hors le cas de mobilisation, lorsqu'ils sont convoqués pour des manœuvres, exercices ou revues, depuis l'instant de leur réunion en détachement pour rejoindre, ou de leur arrivée à destination s'ils rejoignent isolément, jusqu'au jour où ils sont renvoyés dans leurs foyers;

3º Lorsqu'ils sont placés dans les hôpitaux militaires ou dans les salles des hôpitaux civils affectées aux militaires, et lorsqu'ils voyagent comme militaires sous la conduite de la force publique, qu'ils se trouvent détenus dans les établissements, prisons et pénitenciers militaires ou qu'ils subissent, dans un corps de troupe, une peine disciplinaire.

Toutefois, des circonstances atténuantes pourront être accordées, alors même que le Code de justice militaire n'en prévoit pas, aux hommes qui, n'ayant pas trois mois de présence sous les drapeaux, se trouveront dans l'une des positions indiquées aux paragraphes 2 et 3 ci-dessus.

Art. 53. Lorsque les hommes de la réserve et de l'armée territoriale, même non présents sous les drapeaux, sont revêtus d'effets d'uniforme, ils doivent à tout supérieur hiérarchique en uniforme les marques extérieures de respect prescrites par les règlements militaires et sont considérés, sous tous les rapports, comme des militaires en congé.

Art. 54. Le seul fait, pour les hommes inscrits sur le registre matricule prévu à l'article 36 ci-dessus, de se trouver revêtus d'effets d'uniforme dans un rassemblement tumultueux et contraire à l'ordre public, et d'y demeurer contrairement aux ordres des agents de l'autorité ou de la force publique. les rend passibles des peines édictées à l'article 225 du Code de justice militaire.

Art. 57. Les hommes de la réserve de l'armée active, de l'armée territoriale ou de sa réserve sont justiciables des tribunaux militaires, en temps de paix comme en temps de guerre, pour les crimes et délits prévus et punis par les articles du Code de justice militaire énumérés dans le tableau D annexé à la présente loi, lorsqu'après avoir été appelés sous les drapeaux ils ont été renvoyés dans leurs foyers.

L'application de ces articles est faite aux inculpés sous la réserve des dispositions spéciales indiquées audit tableau.

Toutefois, les hommes appartenant à l'armée territoriale ou à la réserve de cette armée ne sont plus justiciables des tribunaux militaires, en temps de paix, pour les crimes et délits prévus par les deux paragraphes précédents, lorsqu'ils ont été renvoyés dans leurs foyers depuis plus de six mois, à moins que, au moment où les faits incriminés ont été commis, les délinquants ne fussent revêtus d'effets d'uniforme.

TITRE V.

DISPOSITIONS PÉNALES.

Art. 69. Toutes fraudes ou manœuvres par suite desquelles un jeune homme a été omis sur les tableaux de recensement sont déférées aux tribunaux ordinaires et punies d'un emprisonnement d'un mois à un an.

Sont déférés aux mêmes tribunaux et punis de la même peine :

1º Les jeunes gens appelés qui, par suite d'un concert frauduleux, se sont abstenus de comparaître devant le conseil de revision ;

2º Les jeunes gens qui, à l'aide de fraudes ou manœuvres, se font exempter ou dispenser par un conseil de revision, sans préjudice de peines plus graves en cas de faux.

Les auteurs ou complices sont punis des mêmes peines.

Si le jeune homme omis a été condamné comme auteur ou complice de fraudes ou manœuvres, les dispositions des articles 15 et 17 de la présente loi lui sont appliquées lors des premières opérations de recensement qui ont lieu après l'expiration de sa peine.

Le jeune homme indûment exempté ou indûment dispensé est rétabli en tête de la première partie de la classe appelée, après qu'il a été reconnu que l'exemption ou la dispense avait été indûment accordée.

Art. 70. Tout homme prévenu de s'être rendu impropre au service militaire, soit temporairement, soit d'une manière permanente, dans le but de se soustraire aux obligations imposées par la présente loi, est déféré aux tribunaux, soit sur la demande des conseils de revision, soit d'office. S'il est reconnu coupable, il est puni d'un emprisonnement d'un mois à un an.

Sont également déférés aux tribunaux et punis de la même peine, les jeunes gens qui, dans l'intervalle de la clôture de la liste cantonale à leur mise en activité, se sont rendus coupables du même délit.

A l'expiration de leur peine, les uns et les autres sont mis à la disposition du Ministre de la guerre pour tout le temps du service militaire qu'ils doivent à l'Etat et sont envoyés dans une compagnie de discipline.

La peine portée au présent article est prononcée contre les complices.

Si les complices sont des médecins, des officiers de santé ou des pharmaciens, la durée de l'emprisonnement est pour eux de deux mois à deux ans, indépendamment d'une amende de 200 francs à 1,000 francs, qui peut être aussi prononcée, et sans préjudice de peines plus graves dans les cas prévus par le Code pénal.

Art. 71. Les médecins militaires ou civils qui, appelés au conseil de revision à l'effet de donner leurs avis conformément aux articles 18, 19, 20 et 27 de la présente loi, ont reçu des dons ou agréé des promesses pour être favorables aux jeunes gens qu'ils doivent examiner sont punis d'un emprisonnement de deux mois à deux ans.

Cette peine leur est appliquée, soit qu'au moment des dons ou promesses ils aient déjà été désignés pour assister au conseil de revision, soit que les dons ou promesses aient été agréés en prévision des fonctions qu'ils auraient à y remplir.

Il leur est défendu, sous la même peine, de rien recevoir, même pour une exemption de dispense justement prononcée.

Ceux qui leur ont fait des dons ou promesses sont punis de la même peine.

Art. 72. Tout fonctionnaire ou officier public, civil ou militaire qui, sous quelque prétexte que ce soit, a autorisé ou admis des exclusions, exemptions ou dispenses autres que celles déterminées par la présente loi, ou qui aura donné arbitrairement une extension quelconque soit à la durée, soit aux règles ou conditions des appels, des engagements ou des rengagements, sera coupable d'abus d'autorité et puni dee peines portées dans l'article 185 du Code pénal, sans prejudice de peines plus graves prononcées par ce Code dans les autres cas qu'il a prévus.

Art. 73. Tout jeune soldat appelé, au domicile duquel un ordre de route a été régulièrement notifié, et qui n'est pas arrivé à sa destination au jour fixé par cet ordre, est, après un délai d'un mois en temps de paix et de deux jours en temps de guerre, et hors le cas de force majeure, puni, comme insoumis, d'un emprisonnement d'un mois à un an en temps de paix et de deux à cinq ans en temps de guerre. Dans ce dernier cas, à l'expiration de sa peine, il est envoyé dans une compagnie de discipline.

En temps de guerre, les noms des insoumis sont affichés dans toutes les communes du canton de leur domicile; ils restent affichés pendant toute la durée de la guerre. Le condamné pour insoumission ou désertion en temps de guerre sera, en outre, privé de ses droits électoraux.

Ces dispositions sont applicables à tout engagé volontaire qui, sans motifs légitimes, n'est pas arrivé à sa destination dans le délai fixé par sa feuille de route.

En cas d'absence du domicile, l'ordre de route est notifié au maire de la commune dans laquelle l'appelé a été porté sur la liste de recensement.

A l'égard des appelés, le délai d'un mois sera porté :

1° A deux mois s'ils demeurent en Algérie, en Tunisie ou en Europe ;

2° A six mois s'ils demeurent dans tout autre pays.

En temps de guerre ou en cas de mobilisation par voie d'affiches et de publications sur la voie publique, les délais ci-dessus seront diminués de moitié.

L'insoumis est jugé par le conseil de guerre de la région de corps d'armée dans laquelle il est arrêté.

Le temps pendant lequel l'engagé volontaire ou le jeune soldat appelé aura été insoumis ne compte pas dans les années de services exigées.

La prescription contre l'action publique résultant de l'insoumission ne commence à courir que du jour où l'insoumis a atteint l'âge de 50 ans.

Art. 74. Quiconque est reconnu coupable d'avoir sciemment recélé ou pris à son service un insoumis est puni d'un emprisonnement qui ne peut excéder six mois. Selon les circonstances, la peine peut être réduite à une amende de 50 à 500 francs.

Quiconque est convaincu d'avoir favorisé l'évasion d'un insoumis est puni d'un emprisonnement d'un mois à un an.

La même peine est prononcée contre ceux qui, par des manœuvres coupables, ont empêché ou retardé le départ des jeunes soldats.

Si le délit a été commis à l'aide d'un attroupement, la peine sera double.

Si le délinquant est fonctionnaire public, employé du gouvernement ou ministre d'un culte salarié par l'Etat, la peine peut être portée jusqu'à deux années d'emprisonnement, et il est, en outre, condamné à une amende qui ne pourrait excéder 2,000 francs.

Art. 75. En temps de paix, les militaires en congé rappelés sous les drapeaux, les hommes de la réserve et ceux de l'armée territoriale convoqués pour des manœuvres ou des exercices ou appartenant à des classes rappelées par décret, qui ne seront pas rendus le jour fixe au lieu indiqué par les ordres d'appel ou affiches, seront passibles d'une punition disciplinaire.

En cas de récidive, les pénalités de l'article 73 ci-dessus, concernant l'insoumission des jeunes soldats appelés, seront applicables aux hommes désignés au paragraphe précédent (1).

---

(1) Le fait de n'avoir pas répondu à un premier appel ou à une première convocation, quels qu'en soient la forme, la nature ou le but, constitue la

En cas de mobilisation, les hommes appelés sont déclarés insoumis s'ils n'ont pas rejoint dans le délai de deux jours, sauf dans le cas prévu à l'article 56 de la présente loi.

Tout homme qui n'a pas rejoint au jour indiqué pour des manœuvres ou exercices peut être astreint par l'autorité militaire à faire ou à compléter dans un corps de troupe le temps de service pour lequel il était appelé.

Art. 76. Les hommes liés au service dans les conditions mentionnées à l'article 30 ci-dessus qui n'ont pas fait les déclarations prescrites audit article, sont déférés aux tribunaux ordinaires et punis d'une amende de 10 francs à 200 francs. Ils peuvent, en outre, être condamnés à un emprisonnement de quinze jours à trois mois.

En temps de guerre, la peine est double.

Art. 77. Les peines prononcées par les articles 71, 72 et 74 de la présente loi sont applicables aux tentatives des délits prévus par ces articles.

---

première faute, qui comporte seulement une punition disciplinaire, conformément au paragraphe 1er de l'article 75.

Conformément au paragraphe 2 du même article, l'innovation bienveillante cesse dès qu'il y a réitération de la faute, cette faute se produirait-elle lors du premier rappel d'un homme ayant déjà subi une punition disciplinaire pour manquement à l'époque d'une convocation précédente.

Le fait de ne point répondre à un deuxième appel, quel qu'il soit, constitue donc le cas de récidive et par suite le cas d'insoumission. (Note minist. du 17 juillet 1890.)

Art. 78. Dans tous les cas non prévus par les dispositions précédentes, les tribunaux civils et militaires appliqueront les lois pénales ordinaires aux délits auxquels pourra donner lieu l'exécution du mode de recrutement déterminé par la présente loi.

Lorsque la peine de l'emprisonnement est prononcée par la présente loi, les juges peuvent, sauf les cas prévus par les articles 73 et 76 ci-dessus, user de la faculté exprimée par l'article 463 du Code pénal.

Art. 79. Les crimes et délits prévus à l'article 57 ci-dessus, et énumérés dans le tableau D annexé à la présente loi, sont punis des peines portées par les articles visés dans ce tableau ; il pourra toutefois être accordé des circonstances atténuantes, alors même que le Code de justice militaire ne les prévoit pas, aux hommes ayant moins de trois mois de présence sous les drapeaux.

En temps de guerre, aucune circonstance atténuante n'est admise.

Art. 80. Lorsque, par application de la faculté accordée par les articles 52 et 79 de la présente loi, les tribunaux militaires auront admis des circonstances atténuantes en faveur des inculpés de crimes ou délits pour lesquels le Code de justice militaire ne les prévoit pas, les peines prononcées par ce Code seront modifiées ainsi qu'il suit :

Si la peine prononcée par la loi est celle de la mort, le conseil de guerre appliquera la peine des travaux forcés à perpétuité ou celle des travaux forcés à temps, sauf dans les cas prévus par les articles 209, 210, 211, 213, 317, 218,

220, 222, 223, 226, 227 et 228 du Code de justice militaire où la peine appliquée sera celle de
la détention. Dans le cas de l'article 221 dudit Code, la peine appliquée sera celle des travaux forcés à perpétuité, des travaux forcés à
temps, ou de la détention suivant les circonstances.

Si la peine est celle des travaux forcés à perpétuité, le conseil de guerre appliquera la peine
des travaux forcés à temps ou celle de la réclusion.

Si la peine est celle des travaux forcés à
temps, le conseil de guerre appliquera la peine
de la réclusion ou celle de la dégradation militaire avec emprisonnement de deux à cinq ans.

Si la peine est celle de la détention ou de la
réclusion, le conseil de guerre appliquera la
peine de la dégradation militaire avec emprisonnement d'un à cinq ans.

Toutefois, si la peine prononcée par la loi est
le maximum d'une peine afflictive, le conseil de
guerre pourra toujours appliquer le minimum de
cette peine.

Si la peine est celle de la dégradation militaire, le conseil de guerre appliquera un emprisonnement de trois mois à deux ans.

Si la peine est celle des travaux publics, le
conseil de guerre appliquera un emprisonnement
de deux mois à cinq ans.

Dans tous les cas où la peine de l'emprisonnement est prononcée par le Code de justice militaire, le conseil de guerre est autorisé à faire
application de l'articlee 463 du Code pénal, sans
toutefois que la peine de l'emprisonnement puisse
être remplacée par une amende.

Nonobstant toute réduction de peine par suite de l'admission des circonstances atténuantes, la peine de la destitution sera toujours appliquée par le conseil de guerre dans les cas où elle est prononcée par le Code de justice militaire.

TITRE VIII.

Art. 94. Dès la mise en vigueur de la présente loi, seront et demeureront abrogées :

La loi du 27 juillet 1872 sur le recrutement de l'armée ;

La loi du 6 novembre 1875, ayant pour objet de déterminer les conditions suivant lesquelles les Français domiciliés en Algérie seront soumis au service militaire ;

La loi du 18 novembre 1875, ayant pour objet de coordonner les lois des 27 juillet 1872, 24 juillet 1873, 13 mars, 19 mars et 6 novembre 1875, avec le Code de justice militaire ;

Les lois des 30 juillet, 4 décembre et 31 décembre 1875, et la loi du 29 juillet 1886 modifiant divers articles de la loi du 27 juillet 1872 ;

Et, d'une manière générale, toutes dispositions contraires à la présente loi.

ANNEXES

TABLEAU A

Personnel placé sous les ordres des Ministres de la Guerre et de la Marine ou mis à leur disposition, en cas de mobilisation.

(Application de l'article 54 de la loi sur le recrutement de l'armée.)

SERVICES :

Ministère de la Guerre. } Administration centrale. Etablissements.

Ministère de la Marine. { Administration centrale. Etablissements métropolitains et coloniaux.

Ministère de l'Intérieur. {
Sapeurs-pompiers des places de guerre. Cantonniers... } n'appartenant plus à la réserve de l'armée active.

Médecins et chirurgiens des hospices.

Médecins chefs de service des hospices.

Médecins..... Chirurgiens... Pharmaciens internes .... } des services pénitentiaires, maisons centrales, pénitenciers.

Ministère des Travaux publics — non compris l'administration centrale et les cantonniers faisant partie de la réserve de l'armée active.

Forêts (agents et préposés organisés militairement).

Ministère des Finances.	Douaniers (bataillons, compagnies et sections). Postes et télégraphes.
Chemins de fer.	Sections techniques. Personnel de l'exploitation technique. Administration centrale.

TABLEAU B

SERVICES PUBLICS

Désignation des fonctionnaires et agents qui, en cas de mobilisation, sont autorisés à ne pas rejoindre immédiatement quand ils n'appartiennent pas à la réserve de l'armée active.

Application de l'article 51 de la loi sur le recrutement de l'armée).

Personnel de l'administration du Sénat et de la Chambre des députés.	**Ministère des Finances.** — *Administration centrale.*
Secrétaires généraux ; Chefs de service ; Chefs adj. ou s.-chefs.	Secrétaire général ; Directeur général de la comptabilité publiq.;

Directeur ;
Chef de la division du contentieux ;
Caissier-payeur central du Trésor ;
Payeur central de la Dette publique ;
Contrôleur central ;
Chefs de bureau ;
Contrôleur spécial près le recev. cent. de la Seine.

Inspection générale des Finances.

Inspecteurs généraux des finances ;
Inspecteurs et adjoints à l'inspection.

Trésorerie.

Trésoriers-pay. génér. ;
Receveurs particuliers ;
Percepteurs.
Un fondé de pouvoirs de chaque trésorier-payeur général, désigné par le Ministre des Finances.

Trésorerie d'Afrique, de la Cochinchine et du Tonkin.

Trésoriers-payeurs ;
Payeurs particuliers ;
Payeurs adjoints.

Administration des contributions directes.

Directeur général ;
Administrateurs ;
Chefs de bureau ;
Directeurs ;
Inspecteurs ;
1ers commis de direct.

Administration de l'enregistrement, des domaines et du timbre.

Directeur général ;
Administrateurs ;
Chefs de bureau ;
Directeurs ;
Inspecteurs ;
Conserv. des hypot.

Administration des douanes.

Directeur général ;
Administrateurs ;
Chefs de bureau ;
Directeurs ;
Inspecteurs ;
Sous-inspecteurs.

Administration des contributions indirectes (France) et contributions diverses (Algérie).

Directeur général ;
Administrateurs ;
Chefs de bureau ;

Directeurs ;
Sous-directeurs, chefs de service dans un arrondissement ;
Inspecteurs ;
Receveurs principaux ;
Recev. particuliers ;
Entreposeurs ;
Contrôleurs ;
Receveurs ambulants ;
Receveurs buralistes.

Administration des manufactures de l'Etat (Tabacs).
Directeur général.
Administrateurs ;
Chefs de bureau ;
Directeurs ;
Contrôl. des manuf. ;
Inspecteurs ;
Èntreposeurs des tabacs en feuilles ;
Vérificateurs et commis de culture.

Administration des monnaies et médailles.
Directeur général ;
Caissier agent compt. ;
Contrôleur principal.

Banque de France.
Gouverneur ;
Sous-gouverneur ;
Secrétaire général ;

Contrôleur ;
Caissier principal ;
Caissiers particul. et sous-caissiers ;
Chefs de bureau ;
Inspecteurs ;
Ouvriers de l'imprimerie des billets ;
Directeurs des succurs.
Caissiers des succurs.

Banque d'Algérie.
Directeur ;
Sous-directeur ;
Secrétaire général ;
Inspecteur ;
Caissier principal ;
Chefs de bureau ;
Direct. des succurs. ;
Caissiers ;

Caisse des dépôts et consignations.
Directeur général ;
Chef de division ;
Caissier général ;
Chefs de bureau.

Ministère de l'Intérieur
—

Administration centrale.
Directeurs ;
Chefs de bureau.

*Etablissements natio-
naux de bienfaisance.*

Directeurs ;
Médecins en chef.

*Services pénitentiaires,
maisons centrales,
pénitenciers.*

Inspecteurs ;
Econnes ;
Agents comptables ;
Commis greffiers.

Sûreté publique

Commiss. divisionn.;
Commissaires spéciaux
de police ;
Inspecteurs spéciaux.

*Administration dépar-
tementale.*

Préfets, s.-préfets et
secrétaires génér.;
Chefs de div. de pré-
fecture ;
Inspecteurs des enfants
assistés ;
Chef du bureau milit.
de préfecture ;
Agents voyers en chef
et agents voyers d'ar-
rondissement ;
Directeurs des asiles
publics d'aliénés ;

Médecins titul. des asi-
les publics d'aliénés.

*Administration com-
munale.*

Secrétaires chefs du
bureau militaire des
mairies des ch.-lieux
de département, d'ar-
rondissement, ainsi
que des communes
qui, n'étant pas ch.-
lieux de département
ou d'arrondissement,
ont plus de 4,000 hab.;
Receveurs d'octroi;
Préposés en chef d'oct.;
Commissaires de pol.;
Serg. de ville ou gard.
de la paix.
Gardes champêtres.

*Services spéciaux de la
ville de Paris ressor-
tissant à la préfec-
ture de la Seine.*

Direct.
Recev. } des hôpitaux
Econ. } et hospices.

Agents
du ser-
vice des
eaux. { Contrôl. et s.-contrôl.;
Conduct. mu-
nicipaux.;
Gardes cant
des eaux.

Agents de l'Assistance publique.
Direct. de l'administ. cent.; Chefs de div.; Inspect. des enfants assistés.

Agents de la direction des travaux autres que ceux du service vicinal.
Direcveurs et chefs de bureau de la préfecture de la Seine; Secrétaires chefs de bureau des maires des 20 arrondissements de Paris.

Services spéciaux de la ville de Paris ressortissant à la préfecture de police.

Chefs de div. et chefs de bur. de la préfecture de police;
Chef et chef-adj. de la police municipale;
Inspect. divisionn.;
Officiers de paix;
Inspecteurs de police;
Secrétaires des commissariats de police;
Inspect. de commiss

Contrôl. de serv. extérieurs;
Gardiens de la paix de la ville de Paris;
Sergents de ville des communes du département de la Seine.

Administration de l'Algérie

—

Secrétaire général du Gouvernement.
Chefs de bur. du Gouvernement général.
Administrat. des communes mixtes.

Ministère des Travaux publics

—

Administration centrale.

Directeurs;
Chefs de bureau.

Chemins de fer

—

Personnel sédentaire
Contentieux, Service des Titres.

Ministère de l'Instruction publique et des Beaux-Arts

—

Administration centrale.

Directeurs ;
Chefs de bureaux ;
Provis. {des lycées et
Princ. { coll. de l'Etat.
Direc-{des écoles nor-
teurs { males primai-
{ res de l'Etat.

Administration des Cultes

Directeur ;
Chefs de bureau ;
Les ministres des cultes reconnus par l'Etat, chargés du service d'une paroisse ;
Les aumôniers des lycées, des hôpitaux, des prisons et des établissements pénitentiaires.

Ministère des Affaires étrangères

—

Administration centrale.
Directeurs ;

Sous-directeurs ;
Chefs de division ;
Chefs de bureau.

Agents en fonctions à l'étranger.

Ambassadeurs ;
Ministres plénipotent.;
Conseillers d'ambass.;
Consuls généraux ;
Consuls ;
Vice-consuls rétrib.;
Secrétaires d'ambassade, 1re, 2e et 3e cl.;
Consuls suppléants ;
Chanceliers ;
Commis de chancell.;
Interprètes et drogm.

Pays de protectorat

Résidents généraux ou supérieurs ;
Résidents ;
Vice-résidents ;
Chanceliers de résid.;
Commis de résidence.

Ministère de la Justice

Directeurs ;
Chefs de bureau ;
Procureurs généraux ;

Procureurs de la République;

Dans chaque tribunal de première instance, parmi les magistrats inamovibles composant ce tribunal, les deux magistrats appartenant aux classes de mobilisation les plus anciennes, dans le cas où leur maintien serait indispensable pour que le tribunal ne soit pas réduit à moins de deux juges; dans les tribunaux d'Algérie et des colonies, deux magistrats.

Ministère de l'Agriculture

Directeurs;

Chefs de bureau;

Directeurs des écoles vétérinaires;

Directeurs et gagistes des dépôts d'étalons.

Ministère du Commerce

Directeurs et chef de division de la comptabilité;

Chefs de bureau.

TABLEAU C

Désignation des fonctionnaires et agents qui, en cas de mobilisation, sont autorisés à ne pas rejoindre immédiatement, même quand ils appartiennent à la réserve de l'armée active.

(Application de l'article 51 de la loi sur le recrutement de l'armée.)

Ministère des Finances

—

Trésorerie d'Afrique, de Cochinchine et du Tonkin.
Commis de trésorerie.

Administration de l'Enregistrement, des Domaines et du Timbre.
Sous-inspecteurs ;
Receveurs.

Administration des Douanes.
Receveurs ;
Contrôleurs et contrôleurs adjoints.

Administration des contributions indirectes (France) et contributions diverses (Algérie).
Commis principaux :

Commis ;
Préposés.

Ministère de l'Intérieur

—

Services pénitentiaires, maisons centrales, pénitenciers.

Directeurs ;
Greffiers ;
Gardiens ou surveillants.
Gardien-comptable en chef, gardiens-comptables et seconds gardiens des transports cellulaires ;
Gardiens-chefs des prisons annexes de l'Algérie.

TABLEAU D

Articles du Code de Justice militaire.

(Livre IV. titre II) applicables dans les cas prévus par les articles 57 et 79 de la loi sur le recrutement de l'armée.

Art. 204, 205, 206, 208. — *Trahison, espionnage et embauchage.*

Art. 219. — (§ 1er). — *Violation de consigne.*

Art. 220. — *Violences envers une sentinelle.*	L'article 220 ne sera applicable aux hommes renvoyés dans leurs foyers depuis plus de six mois que s'ils étaient, au moment du fait incriminé, revêtus d'effets d'uniforme.
Art. 223 et 224. — *Voies de fait et outrages envers un supérieur.*	Pour l'application du premier paragraphe de chacun de ces articles, le fait incriminé ne sera considéré comme ayant eu lieu à l'occasion du service que s'il est le résultat d'une vengeance contre un acte d'autorité légalement exercé.

Le 2ᵉ paragraphe de ces mêmes articles ne sera applicable que dans les cas où le supérieur et l'inférieur seraient l'un et l'autre revêtus d'effets d'uniforme.

Art. 225. — *Rébellion.*

Cet article n'est applicable qu'aux hommes revêtus d'effets d'uniforme et, en outre, dans les cas prévus par l'article 77 du Code de justice militaire.

Art. 226, 228, 229. — *Abus d'autorité.*

Pour l'application de l'article 229, il est nécessaire que le supérieur et l'inférieur soient l'un et l'autre revêtus d'effets d'uniforme.

Art. 242. — (§ 1ᵉʳ). — *Provocation à la désertion.*

Art. 248. — *Vol.*

L'avant-dernier paragraphe de cet article n'est applicable que si le délinquant était logé militairement dans la maison où il a commis le vol.

Art. 249. — *Blessures faites à un blessé pour le dépouiller.*

Art. 250, 251, 252, 253, 254, 255. — *Pillage, destruction, dévastation d'édifices.*

Art. 258. — *Meurtre chez l'habitant.*

Cet article est applicable sous la réserve indiquée ci - dessus pour l'article 248.

Art. 266. — *Port illégal d'insignes.*

Cet article n'est applicable qu'en cas de port illégal, soit d'effets d'uniforme militaire, soit d'insignes, décorations ou médailles sur des effets d'uniforme militaire.

LOI DU 3 JUILLET 1877.

Relative aux réquisitions militaires.

ART. 21.

En temps de guerre, et par application des dispositions portées à l'article 62 du Code de justice militaire, quiconque abandonne le service pour lequel il est requis personnellement est traduit devant le conseil de guerre et peut être condamné à la peine de l'emprisonnement de six jours à cinq ans, dans les termes de l'article 194 du même Code.

ART. 22.

Tout militaire qui, en matière de réquisition, abuse des pouvoirs qui lui sont conférés, ou qui refuse de donner reçu des quantités fournies, est puni de la peine de l'emprisonnement, dans les termes de l'article 194 du Code de justice militaire; tout militaire qui exerce des réquisitions sans avoir qualité pour le faire est puni, si ces réquisitions sont faites sans violence, conformément au cinquième paragraphe de l'article 248 du Code de justice militaire.

Si ces réquisitions sont exercées avec violence, il est puni conformément à l'article 250 du même Code.

Le tout sans préjudice des restitutions auxquelles il peut être condamné.

CIRCULAIRE MINISTERIELLE
DU 28 JUIN 1888.

**Relative à l'exécution des mandats décernés
par les magistrats civils.**

Les articles 88 et 90 du Code de justice militaires disposent :

Le premier, que, hors le cas de flagrant délit, aucun militaire ne peut être arrêté qu'en vertu de l'ordre de ses supérieurs.

Le second, que lorsqu'il y a lieu de constater dans un établissement militaire un crime ou délit de la compétence des tribunaux ordinaires, ou d'y arrêter un individu justiciable des mêmes tribunaux, l'autorité civile adrésse à l'autorité militaire ses réquisitions tendant soit à obtenir l'entrée de l'établissement, soit à assurer l'arrestation de l'inculpé.

Le Code de justice militaire n'a pas déterminé le grade et le rang de l'officier auquel ces mandats ou réquisitions devaient être adressés.

Ce silence du législateur a donné lieu, dans la pratique, à des difficulté qui se sont également produites quand il s'est agi de notifier à un homme présent sous les drapeaux une citation à comparaître, comme prévenu ou comme témoin, devant un tribunal ordinaire.

Dans cette situation, il a paru nécessaire au Ministre de la guerre d'arrêter, de concert avec le Ministre de la justice, des dispositions réglant d'une manière précise les divers points dont il s'agit.

En conséquence, à la suite d'un accord intervenu entre les deux départements, il a été décidé qu'à l'avenir les réquisitions des magistrats civils tendant à obtenir l'entrée des établissements militaires, les mandats d'arrestation décernés par ces magistrats contre des hommes présents sous les drapeaux et les citations à comparaître comme prévenus ou comme témoins, devant les tribunaux ordinaires, données, à leur requête, aux mêmes militaires, seraient adressées soit au commandant de l'établissement dont l'entrée est requise, soit au chef du corps ou du détachement auquel appartient le militaire visé dans le mandat ou la citation.

Ceux-ci prendront immédiatement les mesures nécessaires pour assurer l'accès de l'établissement militaire aux magistrats civils, l'arrestation de l'homme contre lequel le mandat est décerné ou la mise en route de celui auquel la citation est destinée.

Ils devront, en outre, en rendre compte, sans retard, à l'autorité militaire supérieure de laquelle ils relèvent et au commandant d'armes.

Toutes les instructions antérieures, contraires à la présente circulaire, sont abrogées.

Ressort des conseils de guerre et des tribunaux maritimes.

(Décret du 23 janvier 1889.)

1ᵣᵉ CIRCONSCRIPTION Chef-lieu : CHERBOURG.	2º CIRCONSCRIPTION Chef-lieu : BREST.
Aisne.	Côtes-du-Nord.
Ardennes.	Eure-et-Loir.
Aube.	Finistère.
Calvados.	Ille-et-Vilaine.
Eure.	Mayenne.
Manche.	Orne.
Marne.	Sarthe.
Meurthe-et-Moselle.	
Meuse.	
Nord.	
Oise.	
Pas-de-Calais.	
Seine.	
Seine-et-Marne.	
Seine-et-Oise.	
Seine-Inférieure.	
Somme.	
Vosges.	

3ᵉ CIRCONSCRIPTION	4ᵉ CIRCONSCRIPTION
Chef-lieu : LORIENT.	Chef-lieu : ROCHEFORT.
Cher.	Ariège.
Indre.	Basses-Pyrénées.
Indre-et-Loire.	Charente.
Loire-Inférieure.	Charente-Inférieure.
Loiret.	Corrèze.
Loir-et-Cher.	Creuse.
Maine-et-Loire.	Deux-Sèvres.
Morbihan.	Dordogne.
Nièvre.	Gers.
Vendée.	Gironde.
Yonne.	Haute-Garonne.
	Hautes-Pyrénées.
	Haute-Vienne.
	Landes.
	Lot.
	Lot-et-Garonne.
	Tarn-et-Garonne.
	Vienne.

5ª CIRCONSCRIPTION

Chef-lieu : TOULON.

Ain.	Haute-Marne.
Algérie.	Haute-Saône.
Allier.	Haute-Savoie.
Alpes-Maritimes.	Hérault.
Ardèche.	Isère.
Aude.	Jura.
Aveyron.	Loire.
Basses-Alpes.	Lozère.
Bouches-du-Rhône.	Puy-de-Dôme.
Cantal.	Pyrénées-Orientales.
Corse.	Rhône.
Côte-d'Or.	Saône-et-Loire.
Doubs.	Savoie.
Drôme.	Tarn.
Gard.	Territoire de Belfort.
Hautes-Alpes.	Var.
Haute-Loire.	Vaucluse.

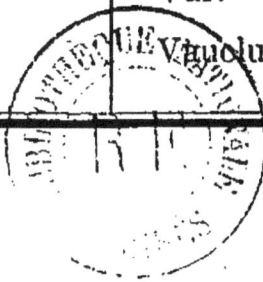

SOMMAIRE

TABLE ALPHABÉTIQUE

DES MATIÈRES

C

Pages

D

E

N

O